安徽省圖書館藏桐城派作家稿本鈔本叢刊

姚永楷　姚永樸卷

安徽省圖書館　編

北京师范大学出版集团
BEIJING NORMAL UNIVERSITY PUBLISHING GROUP
安徽大学出版社

圖書在版編目(CIP)數據

安徽省圖書館藏桐城派作家稿本鈔本叢刊. 姚永楷　姚永樸卷/安徽省圖書館編. —合肥:安徽大學出版社,2020.12

ISBN 978-7-5664-2197-5

Ⅰ. ①安… Ⅱ. ①安… Ⅲ. 中國文學—古典文學—作品綜合集—清代 Ⅳ. ①I214.91

中國版本圖書館 CIP 數據核字(2020)第 272389 號

安徽省圖書館藏桐城派作家稿本鈔本叢刊·姚永楷　姚永樸卷

ANHUISHENG TUSHUGUAN CANG TONGCHENGPAI ZUOJIA GAOBEN CHAOBEN CONGKAN YAOYONGKAI YAOYONGPU JUAN

安徽省圖書館　編

出版發行:北京師範大學出版集團
安 徽 大 學 出 版 社
(安徽省合肥市肥西路 3 號 郵編 230039)
www.bnupg.com.cn
www.ahupress.com.cn
印　　刷:安徽新華印刷股份有限公司
經　　銷:全國新華書店
開　　本:184mm×260mm
印　　張:20.75
字　　數:73 千字
版　　次:2020 年 12 月第 1 版
印　　次:2020 年 12 月第 1 次印刷
定　　價:330.00 圓
ISBN 978-7-5664-2197-5

總　　策　　劃:陳　來　齊宏亮　李　君
執行策劃編輯:吴澤宇
責 任 編 輯:吴澤宇　王　晶
責 任 校 對:范文娟

裝幀設計:李　軍　孟獻輝
美術編輯:李　軍
責任印製:陳　如　孟獻輝

《安徽省圖書館藏桐城派作家稿本鈔本叢刊》

編纂委員會

序言

關愛和

桐城歷史悠久，人傑地靈。立功有張英、張廷玉父子，位極人臣；立言則有方苞、劉大櫆、姚鼐，號令文壇。桐城之名，遂大享於天下。

方苞於一六九一年入京師，以文謁理學名臣李光地，與人論行身祈向，有『學行繼程朱之後，文章介韓歐之間』之語；一七〇六年成進士；一七一一年因《南山集》案入獄，後以能古文而獲救，入值南書房，官至禮部侍郎；一七三三年編《古文約選》，爲選於成均的八旗弟子作爲學文範本；後兩年，又編《四書文選》，詔令頒布天下，以爲舉業準的。方苞論古文寫作，有『義法説』。義者言有物，法者言有序。其爲文之理，旁通於制藝之文，因此影響廣大。姚鼐於一七六三年成進士，一七七三年入《四庫全書》館，兩年後因館中大老，皆以考博爲事，憤而離開，在南京等地教授古文四十餘年，其弟子劉開稱姚鼐『存一綫於紛紜之中』。姚鼐到揚州梅花書院的第二年，作《劉海峰先生八十壽序》，編織了劉大櫆學之於方苞，姚鼐學之於劉大櫆的古文師承關係，引友人『天下文章，其出於桐城』的贊語，使得『桐城派』呼之欲出。一七七九年，姚鼐編《古文辭類纂》，以『神理氣味格律聲色』論文。編選古文選本，唐宋八家後，明僅録歸有光，清録方苞、劉大櫆，爲桐城派張目。姚鼐之後，遂有桐城派之名。

桐城派自姚鼐後規模漸成，名聲噪起。桐城派作爲一個散文流派，綿延二百餘年。其自身的發展大致經歷了初創、承守、中興、復歸四個時期。康、雍、乾年間，是桐城派的初創期。桐城派三祖——方苞以義法説，劉大櫆以神氣説，姚鼐以陽剛陰柔、神理氣味格律聲色説，奠定了桐城派散文理論的基礎；方、劉、姚又以其言簡有序、清淡樸素的散文創作名噪文壇，贏得『天下文章，其在桐城乎』的贊譽。嘉、道年間，是桐城派的承守期。姚鼐晚年，講學於江南各地，門生弟子廣布海内，桐城之學，掩映一時文壇。其中著名者如梅曾亮、管同、劉開、方東樹、姚瑩等人，承繼師説，標榜聲氣，守望門户，各擅其勝。咸、同年間，是桐城派的中興期。曾國藩私淑姚鼐，雅好古文，於戎馬倥偬之中，尋求經濟、義理、考據、辭章的重新組合，試圖以博深雄奇、氣象光明之方藥救桐城派文規模狹小、文氣拘謹之病，并以『早具行遠之堅車』矚望於門生弟子，别創湘鄉派。光、宣年間，是桐城派的復歸期。曾氏四弟子中，惟吴汝綸爲桐城人。吴氏於甲午之後，重提方、姚傳統，抑閎肆而張醇厚，黜雄奇而求雅潔，倡導恢復以氣清、體潔、語雅爲特色的桐城派文，并得到了馬其昶、姚永樸、姚永概等桐城籍作家的積極響應，桐城之學，再顯一時之盛。

安徽省圖書館一九一三年始建於安慶，與桐城派在同一地發祥并成長。安徽省圖書館在一百多年的發展歷史中，以珍貴古籍文獻收藏豐富，特别是本省古籍文獻收藏豐富而爲學術界所矚目。此次安徽省圖書館將館藏桐城派作家稿本、鈔本，以叢刊方式，編輯出版，一定會大有惠澤於學林。我們期望海内外桐城派研究者能早日共享出版成果。

前　言

隨著對優秀傳統文化價值的重新認識，近年來，對在我國有極大影響的桐城派的研究也不斷升温。桐城派作家文集的整理出版，爲研究者提供了方便，推動著相關研究的展開。如由嚴雲綬、施立業、江小角主編，被列入國家清史纂修工程的《桐城派名家文集》，收入姚範等十七位作家的詩文集和戴名世等十一位作家的文章選集，總計十五册，一千多萬字。此書的出版有助於改變以往桐城派研究資料零散不足的狀況，也爲學術界開展清代文學史、文化史、思想史、教育史、政治史、社會史等研究工作提供了寶貴資料。

在充分肯定新世紀以來桐城派作家文集整理出版與研究取得豐碩成果的同時，我們不難發現，當前桐城派作家文集整理與研究的工作，與學界的要求和期盼還不相適應，仍然有拓展與提升的空間。桐城派是一個擁有一千多人的精英創作集團，即使如方苞、劉大櫆、姚鼐這樣的大家，仍有不少基礎文獻資料尚待發掘，一些有影響、有建樹的作家，更是鮮爲人知。可以説，基礎文獻整理出版工作的滯後，會影響和制約桐城派研究的進一步發展。

爲了滿足學界對於桐城派資料建設的需要，在人力、物力有限，又想最大限度地保留原書的真實面貌的情况下，我們推出了《安徽省圖書館藏桐城派作家稿本鈔本叢刊》（以下簡稱《叢刊》）。

安徽省圖書館一直十分重視桐城派作家稿本、鈔本的收集，積累了大量的原始文獻。《叢刊》所收集的對象，有方苞、劉大櫆、姚範、姚鼐、光聰諧、姚瑩、戴鈞衡、方守彝、方宗誠、吴汝綸、姚濬昌、馬其昶、姚永楷、姚永樸、姚永概等。桐城派的重要作家幾乎都包括在内。《叢刊》并非泛濫收録，良莠不辨，而是頗爲看重文獻本身的價值，可以説『價值』和『稀見』是本《叢刊》收録文獻的兩大原則。

安徽省圖書館此次將珍貴的稿本、鈔本資料公之於衆，順應了習近平總書記讓『書寫在古籍裡的文字都活起來』的號召，滿足了讀者的閱讀需求。《叢刊》的出版，既有利於古籍的保護，也有利於古籍的傳播，希望對推動桐城派研究有所裨益。

編　者

二〇二〇年三月

凡例

一、《叢刊》采取『以人系書』的原則，每位桐城派作家的作品一般單獨成卷，因入選作品數量太少不足成卷者，則以數人合并成卷。共收稿本、鈔本三十六種，分爲九卷二十五册。

二、《叢刊》遵循稀見原則，一般僅收録此前未經整理出版的稿本和鈔本。

三、《叢刊》大體按照作家生年先後爲序，卷内各書則依成稿時間爲序，或因作品性質而略有調整。

四、各卷卷首有作家簡介，每種作品前有該書簡介。

五、《叢刊》均照底本影印，遇有圖像殘缺、模糊、扭曲等情形亦不作任何修飾。

六、底本中空白葉不拍；超版心葉先縮印，再截半後放大分别影印放置；某些底本内夾有飛簽，則先拍攝夾葉原貌，然後將飛簽掀起拍攝被遮蓋處。

目録

姚永楷

遠心軒詩稿

姚永楷

簡介

姚永楷（一八六〇—一八九六），字閑伯，姚濬昌長子，諸生。永楷濡染家學，又師從吴汝綸受古文法，工詩，有冲澹氣。

遠心軒詩稿

四卷

遠心軒詩稿

《遠心軒詩稿》四卷，稿本。一册，毛裝。半葉十行，行二十一字，無框格。框高二十五點零厘米，寬十三點一厘米。首有清光緒十八年（一八九二）謝涵題識一則、光緒十六年（一八九〇）范當世題識一則，末有光緒十八年（一八九二）謝涵題識二則，行間及書眉上有謝涵朱、墨筆圈點、評注。

永楷有《遠心軒遺詩》一卷附刻於《五瑞齋詩續鈔》之後，收詩八十餘首。而此稿收詩二百餘首，遠較刻本爲多。本書所輯詩以時間爲序，起於約光緒五年（一八七九），止於光緒十七年（一八九一）。姚永楷中年早卒，生前常隨父濬昌行走安福、竹山官署，詩歌多記行旅見聞，或與家人親屬唱和，其中尤以與馬其昶、范當世及父濬昌、弟永樸和永概唱和應答者爲多。所作題畫詩、咏懷詩頗有意趣。

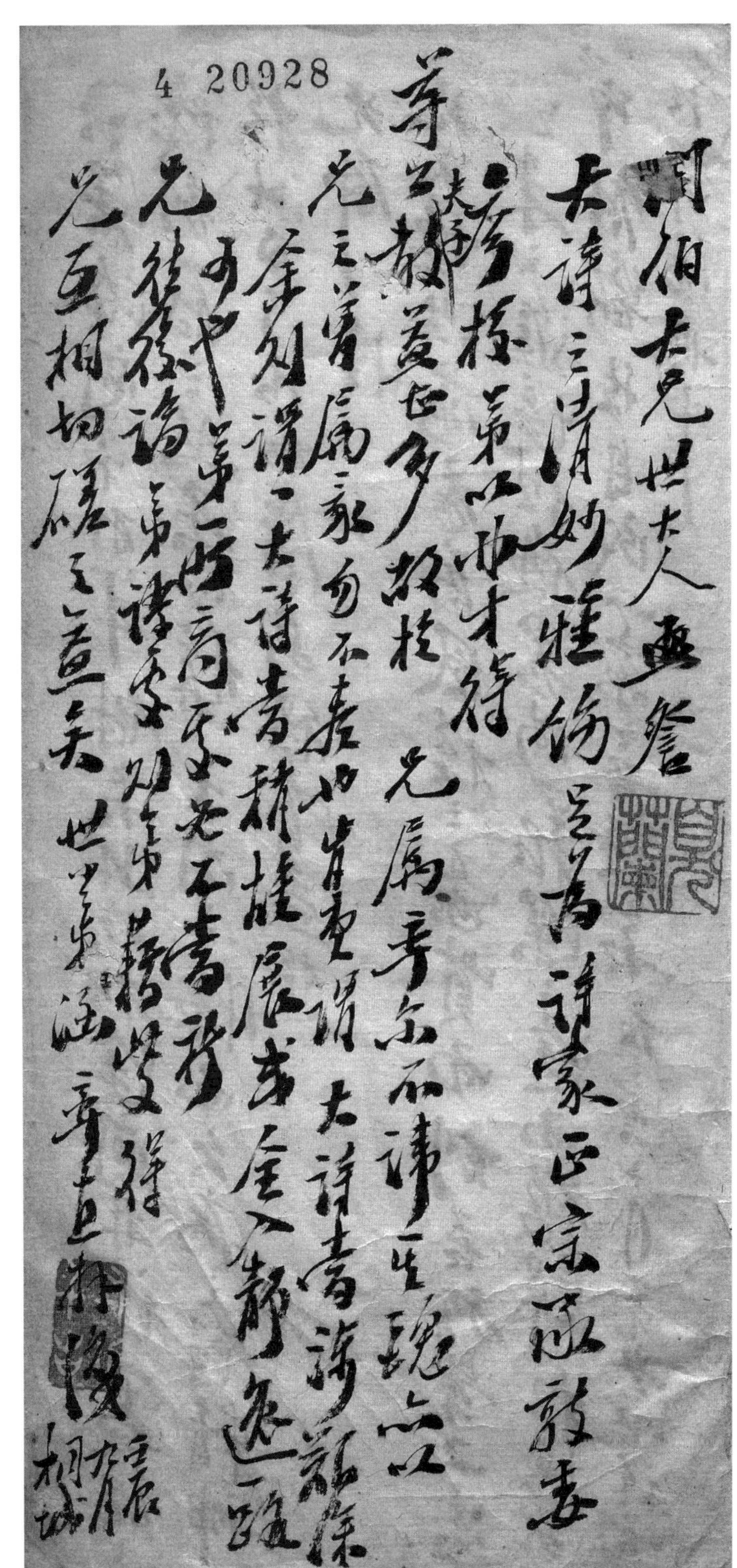
4 20928

大著瀹閱弟所佩服矣此次於途間再讀一過猶
識別頭之無虛以稍下問之懷而久病之餘精神
於此了了不相屬安得有益於
兄耶惟
兄天懷浩蕩義篤風雅之意貴而到若登工處
近來之進之境但使畧涉藩籬之途而復歸於坦易
即能斷然自成一家之言矣　庚寅十月弟常世謹識
於鄱陽舟中

遠心軒詩稿卷一

桐城姚永楷閑伯

蓬萊閣 同人分咏

烟際 樓插漢

蓬萊高閣俛清秋海氣朦朧帶日收天外忽驚烟結市
雲中時見舶如漚健兒五百歸瑤島童女三千問沃洲
壯士神仙兩蕭瑟碧天無際水東流 結凋高雄

雨後

積雨深林暗竹扉西風欄檻散清機濕雲歸岫山村見
返照翻紅木葉飛雙澗泉流聲淲淲千峯草樹影依依
何當共遣提壺興把臂狂吟上翠微

[illegible]

此題亦好因
須力為之方
能知其意也

結句必換韻其句
仍作兩字結

○擬題虎溪三笑圖

虎溪水近東林寺，魏晉之間多隱士。畫師騷客愛古深，
往往筆摹勝事。廬山之峯高崔巍，臨溪盤石生蒼苔。
奇松秀竹烟中出，夏瀑寒雲天上來。自昔淵明與慧遠，
結壺班坐林巒晚，偶然相對各大笑，豈知後世成粉本。
吾觀此圖筆墨新，神妙似見當時人，徙此相如四壁不
挺立千載清風猶似壁上來習習

中秋

丹桂連蜷半吐花，蟾光瀲灩入窗斜。閒階坐久西風冷，
驚起簷前宿樹鴉。

帶月芙蓉照檻前開軒散步已涼天廣寒不作人間調
一度秋來一度圓

詠史

銅雀臺空繞濁漳當塗兄弟盛名場可憐謁帝辭朝日
慘澹相看白馬王況著高朗

絡緯

淡月窺簷屋角斜蟲聲斷續透窗紗似憐寒女羅衫薄
瓜豆棚前助轉車

蜻蜓

晚荷暗送曲池涼薄翅輕含雨意長秋水一泓三徑綠

五言古詩雜作

隨風飛上小回廊

○秋夜憶通伯

餘輝散村先疊嶂起寒雲林深室易暝閒庭絕紛挑
燈還默坐誰與論斯文故人畢月別索居情連
雖云多素心惟有君俯仰空齋中渺渺永夜聞

○讀離騷

七國何紛紛所任惟辯說劉為華輅奇難與論賢哲蛾
眉見易殊椒蘭徒萎折展卷風簷下讀之肝腸結怪底
漢賈生先後豈一轍弔湘賦未終激楚調徒絕盛世猶
感傷何論遭時劣老當

[illegible]

登太白樓

章水東歸未十秋今年又作秣陵遊方離皖口千重樹
來上江頭百尺樓萬里長流天外去兩山相對日邊浮
斥仙已遠誰高咏不挂蒲帆更小留

改結句

齋中夜讀

向晚炊烟起前山暮靄横一村樵唱歇千樹野凉生地僻庭常靜心平夢亦清古人不可見永夜草蟲鳴

庚辰元日試筆

藜火辛勤又一年衝寒山意動窗前千家爆竹聲中曉春色深寒欲霽天

○春夜追憶胡慎思

庾嶺春將遍遥知緑到墳故人今不見寂寞剩遺文話舊頻驚夢憐才每憶君隔鄰雞報曉永夜不堪聞

沉至

○過曹崗古寺

須仍用愧字。廿字雖仄，此非不叶也。昔人往往有若此用也。

開盡桃花罨小村斜風細雨亦消魂湖光皛皛烟水生
杜宇聲聲客到門覔地綠蕪迷碧落沒階青草自黃昏
無端邂逅春光裏欲問楞枷未可論 結有韻味

寄懷仲勉

朱明換物青陽去寂歷空山有所思八表見君雲鶴遠 雄直
廿年愧嗟我土牛遲敲詩對竹忘吟倦入座飛花佐讀宜
燕子日長新著好懸知門掩柳絲垂

午日雨後遊檀香巖

勝境邱壑美素聆人共譽剏乃值良辰景物應彌著孤
往渡溪寒散步乘林曙石歌瀑逾響亭豁霧漸除危岫

樹隱閒人語，烟生處曠懷淡俗情觸景滌塵慮悠然岑寂中對玩心自豫

敬和　大人喜雨之作

黑雲破空迷四宇天半老龍怒驅雨電掣千峰火迸石雷蟠萬壑山鳴鼓三千飛弩錢塘潮千幀潑墨瀟湘樹長空散絲猶未已絕壁跳珠尚難數老農踏車眼穿雲即日傴僂面朝土亭皐一霎望漠漠翻悔從前枉辛苦倒樽不辭酒味薄知有年豐滿倉庾須臾雲盡衆峯出一輪杲杲當窗戶迴看巉石挂新瀑嶢嶢猶似飛龍吐

書感

氣本橫雅遒而造言之功尚未極至仍用之無限

此首又删

此等詩果是俛強之作皆無取之非也

敬次居命傳思去日

憶昔朋儕各安坐詩豪酒感一時生當門避為芳草
開抱須知斷棘荊十載聞雞常自許九邊草馬望時平
祇今高館張燈夜又動蒼茫無限情

一自山居百不聞蒲觴況帶酒餘醺連陂深淺新秧色
盤谷翩翾野鶴羣懾敵似聞思李廣論材誰可繼田文
壁間短劍桮中酒坐看前山起暮雲

夏日偕通伯登宜民門外小卯

偶乘清興出郊行極目天垂四野平嶺樹白穿新挂瀑
水田青匝半空城孤村烟重將生暝一角雲開欲放晴
美景從來逢不易定知火速報詩成

山居即事

百花飛盡黃梅熟，又遣山童種碧荷。翠蓋未成珠似露（已就），懸知新雨夜來過。

午窗睡醒雨初晴，活火茶鐺漸有聲。一縷輕烟風定後，裊穿花影出山楹。

淡晴（光穿）新竹影初分，坐久花香細細聞。燕子未歸人睡足，簾波篆景雨生紋。

繞屋扶疏室易暝，一燈初上酒微醒。劇憐葉底螢光好，作態斜飛映水青。繪寫閒情，字〻俱帖。

夏日喜雨至

此詩未能表協

嶺勢逢驅萬木鳴，玄雲忽下野涼生。風盤大壑層陰起，
雨截千家半谷横。淡日沉山明一角，梯田生水足三庚。
小儒快睹昇平樂，且共村農倒酒鎗。

平仄

晚霽寄懷通伯

雨歇村邊路，平沙闊水紋。疏林黏霧冥挂，瀑向渠分。峰
頂明斜日，山腰東白雲。采芳何所遺，佇立獨思君。

行僧投寺入

林霽烟初散，峰澗磬忽聞

歸山

夏晚歸山舍，袪炎雨亦佳。溪聲疑走石，風勢欲傾崖。客
倦逢僧話，人歸與鶴偕。出林忽新霽，帶月扣荆柴。

佳句百錬

曉望偕仲實（慎）機作

此首音調最壞之不通
惟景又聯圓佳而平音
以居前四句景從四惟我
缺六居是　君自酌之

高樹列星宿，朝涼日出未出烟蒼蒼，誰識溪山意味長。吾獨與子相徜徉，百株柳色映渠塘，門前十頃稻花香。及時歲月慎勿忘，請看白髮生高堂。

遊西峰岩

雨後竹生寒，晚蟬噪疎柳。巖高一徑通，苔深石自默語。鷺林鶻嘯火獨蒼，鼠走仰視鍾乳垂，裂石嵌星斗。山西忽開朗，村烟出林藪。彩虹橫半空，紫霞明遠阜。頹牆林閒紅，古寺百代後。歷志借兇景，幽棲謝氛埆。有懷舞雩縱謳，努雕陵叟。暝色漸東來，歸途話鄰友。

寄懷張心葵

奉懷二詩移詞後 不必存

載酒題襟往事休卽今又是六年秋方將把臂聯新侶郤寄遐心憶舊遊樵嶺雲霞孫仲宅楚天風雨皖公樓相思幾日春歸雁莫惜傳書過信州

奉懷蘇强甫先生

白屋青山湖水邊虯鬚抱膝髮蒼然長欃木柄迎朝日團扇香囊慰暮年廿載聲明慚葉語一樽風雨憶薪傳太玄著罷諸生在應見侯芭遜象賢

奉懷秦吉帆先生

白頭起作衆人師想見先生雅誼垂避世不殊遼海榻窺園猶下廣川帷春風入座歸裁日夜雪盈門憶立時

綠竹簡編慙久次後堂能到定推誰

書感

長白山高入杳冥即今王氣接滄溟中原久已無傳箭

塞北應看再勒銘周室旅獒來絕域漢家宛馬徧郊坰

何須邊閫思飛將自有降王款障亭　感懷詩以此等爲最佳

惠遠城頭草不春紛紛鐵騎起邊塵和戎早慨重輸幣

割地何堪更抱薪九廟神靈仍石馬累朝膏澤到金鱗

祇今濟濟貂蟬輩誰是看羊海上臣

昔年仗節闢甌遠空磧於今事更勤勒石公真竇車騎

據鞍誰識李將軍沿邊牙帳飛春雪大漠紅旗捲暮雲

中外紛紛誰健者淩烟高閣看圖勳
吟徧千峯百嶂中閒来登覽又城東晚烟籠樹參差白
落日蒸霞次第紅萬里關河頻入夢十年風雨憶從戎
碧天無際青山暮獨立蒼茫看塞鴻

讀吳公可讀遺疏

危論朝端警一時爭傳衛史竟輿尸金烏方睹玄宮閉
黄鳥旋同碧血悲自是攀号憂國切翻憐鑄鼎上書遲
重華從此逢難就風雨蕭蕭有所思

雨後落日

嶺際餘光赤逢天落照横雨痕消瀑澗雲色雜陰晴殘

葉翻空下疏星爭晚明前溪思獨往不覺暮烟生

山居喜通伯至兼柬仲揆

谷口漁樵渡晚河喜君乘暇到崖阿山譁座有崔懐在
精鑒人推郭太多門外青山勞遠望樽前紅燭漫高歌
近知種菜多清興幽壑何時載酒過

湛士伯父七十生日　大人置酒小飲作詩壽之並命
永楷兄弟各成一律

十載安成共夕昕側聞高論每超羣據梧自喜如莊叟
把筆人言似右軍他日江天餘笑傲祗今山水助詩文
一杯聊為期頤祝清寐軒前與醉醺

一二詩殆先大夫无[illegible]之作

○○贈阮仲勉

秋江返棹識君面，短燭縱談夜忘倦。羨君眉宇自不凡，
周鼎商彝今僅見。今來西山梅放時，舉杯對雪雙眸眩。
逢想高吟風雪深，寒窓拂拭應呵硯。我生豈必求神仙，
但願諸友長周旋。百歲過眼須臾耳，有如玉燭臨風前。
長松[illegible]華不外，[illegible]石山蘊玉光偕姊。至人得此有妙用，
神智不[illegible]中貞堅。嗟余才力慚短拙，擾擾人世徒煩煎。
安得草堂燈火共十年，洗眼與讀南華篇。

○十一月二十六日大風雨山頭有火光忽大忽小若遠若近里人以為神燈也詩以誌之

○○

我聞海市難追攀，蕩搖盡在虛無間。蛟蜃鼓氣戲吐納，樓閣幻出驚塵寰。奇觀異事不可遇，蒼汽坐想乘槎還。山居寂寞少歡悅，風雨夜半銀河決。千崖萬壑現精靈，有火出沒時一瞥。初如一二螢光浮，紛如錯落蚌珠裂。皦如雷電飛焰明，燦如星斗嵌空列。低昂斷續忽易位，頃刻萬變匪一轍。共道山神夜獵時，捕搏魑魅炬火徹。又云山川寶藏興，精氣成光耀峰缺。造化功用本至常，罕見豈必稱奇絕。知有聾盲神所嗤，兒童婦女浪驚說。哦詩妄欲擬坡公，快境入眼聊自雄。玉瓶傾盡不論值，何須變滅傷春風。

是詩立局亦雅，造言老練，用事亦穩重得宜，于詮不負題矣。

若此結換韻，細既大，似不減逸班語，不若換韻以尚之為穩也。

何家坂飲歸

一冬晴日少雨雪但見高崖含媚如春時主人延客設佳饌陳列飣餖泛瓊卮貓頭輪菌晚獨出吾鄉來其誇第一蘆菔羅席味尤佳彫胡入湯香更溢白茹黄蘇本吾嗜山膚水豢從人述不憂甘脆致腐腸鼎沸龍團堪洗疾主人車轍徧九州顛倒南北語不休酒闌燭盡星斗落出門一笑望千秋蕢菹苦菜莫厭粗安能奔走事王侯

山中早梅

千山一白如匹練無邊積雪雙眸眩此時萬木俱凋零

誰綴寒葩傲霜霰忽驚紅蕚照眼明數枝雪映牆頭見
天公生物本無私此花何由美獨倩春風三月長安道
萬紫千紅開欲徧衆卉雖好易先摧歲寒高韻終無變
甯藏空谷自開落恥逐餘花争自炫風吹雪洗幾番侵
釀此幽香見真面我生本自慚筆力坐對庭前徒爲羡
俗賞紛紛經幾人此香此格誰能擅

北隣夜飲作

北隣有老翁天寒常絺綌數日甘飢卧纔得廾斗麥昨
來有餘興薄醪漫延客茅簷共勸酬瓦缶盛殽核我生
何所嗜作詩累千百吾道自可尊漫與陶謝格仰觀古

來人作者紛如積肝腸空雕鏤名難避逅獲言因醉後
悠愁向杯中釋寒月上西峰清光照我席百觴莫辭醉
燈下時墮幘請為老翁歌莫更憂貧殖脆植須臾榮堅
幹終古碧君看陌上花誰如巖下柏

張厚培招飲

村村明積雪爽霽放梅鴆幾日辭嚴寒春風蘇草腐主
人草堂好延客羅酒脯酒酣對我言人生異甘苦貧者
愁斗升富者誇倉庾誰云網恢恢毋乃神聾瞽勸君莫
怨嗟即時當歌舞儒生不終窮將相有時取豈無偶艱
虞要自伸眉宇安能如桔槔空隨人仰俯綠韭盈東畦

青菘滿芳圃手摘備晨炊亦足成歡聚飛雪樹妝花排
簷冰作柱飽腹且出門雞聲已喧午他日過君家莫嗔
狂言許

遠心軒詩稿卷二

桐城姚永楷閑伯

送通伯之京

大鵬振翼何所投文彩羽儀舉世賓常嗤黃鶴但千里
背數鶡雀搶叢篠秋江一棹月明歸朋輩之中識君早
自期文章世無匹一洗窠臼抒懷抱奇芬自足萬古留
豈籍世譽延采藻想見當君施手時胸懷天使淩蒼昊
無邊秋色滿皇州肥馬輕裘異曩儔金樓貝闕遥相望
天衢人海争淹留撼空濁浪九河水入塞邊聲萬馬秋
丈夫安能終草莽能不放懷騁我遊臨岐揮淚送君去

此等放筆語与閑伯不相宜

莫忘秋城分袂處離情空悵投子雲別愁應縮西峰樹

大江之水接尾閭碣石秋濤落日餘佇望南來有飛雁

他時莫惜數行書

感事

逆耳批鱗尚正規我朝教澤未曾衰台端競折朱雲檻近年如張之洞何金壽鄧承休諸人皆能直諫天下爭傳衛史尸謂吳公當亡可讀從繩終盛世何年釋褐慶明時萬株梅萼千山雪北望

中原有所思

甲申年元旦作

村雞罷唱曉寒催淑氣初看到早梅永夜香花人共坐

廿年湖海思難裁雪中萬户春風轉天際諸峰曙色開
聞道明廷干羽舞五雲應見接蓬萊

開春三日雪中奉懷湛士伯父

不隨世兒爭譽毀獨眠龍眠呼不起清談高致與世殊
屈指風流今老矣昨夜山中春雪來灑徧塵寰鋪素紙
老樹凍折鴉無聲上下一白無塵滓坐想草堂積雪寒
披裘籠帽憑書几群雛爛熳喚未醒自向門前汲春水
相思歲月易駸駸空對梅花半開林欲持瓢酒慰晨夕
雪深路絶何處尋

題岳少保冊子

金兵南下何披猖，兩河淪沒實慘傷。九重無意誅驕虜，坐使九廟羞嚴霜。十二金牌絡繹至，黃龍坐看志不償。關河從此分南北，父老望斷迎鑾輿。天意似欲渾夷夏，百郡紛紛偏胡馬。莫怨東窗一夕謀，故留忠義千秋寫。即今遺墨世爭藏，披吟彷彿神采揚。想見胸懷塊磊多，落筆俱作蛟龍翔。我朝勘亂宏遠業，奔走萬國效梯航。扶桑東耀旭日出，崑崙西接河源長。四海一家聲教訖，北戶塞門如列屋。金繒玉帛歲幣捐，請纓繫越奇謀出。威名懾敵端有人，樽俎折衝豈無術。蒼茫翻為前朝悲，回首冬青更蕭瑟。

此詩殊不[illegible]
[illegible]

雪晴

屋角氷初解，柴門乍放晴。日寒凄嶺色，雪盡長溪聲。高樹爭鴉噪，長天遠鴈鳴。前村幽澗裏，應見野梅生。

○短歌送仲弟

男兒墮地走四方，骨相豈必無侯王。銀鞍駿馬馳南北，正如黃鵠千里翔。大孤凌波烟蒼蒼，小孤砥柱江中央。片帆一別向彭蠡，暮雲落日同蒼茫。如此江山日頻縱，念爾前途誰與共。暫時分手且莫悲，高才自合為世用。吁嗟乎，人生聚散無時無，快活美酒陳盤盂。明朝夢想宮亭湖。

雪中偕張厚培觀梅魚送二弟

仙人遙空散瓊瑰，三千界世無塵埃。摧枝折木徧崖谷，惟有老梅寒復開。有客叩門開剝啄，乘興同探渡畧約衍。可憐十日坐惱人，寒盡春生眼界拓。坐思長安富貴兒，千金買盡羅圍幕。鼓催彩剪失天然，何如崖下自開落。風中颯颯增寒栗，倒籬箸屐登山閣。孤標逸趣有真賞，不藉美酒與瘦鶴。令弟明當向江湖，待得歸來近歲除。室中有酒溪有魚，又值梅花開滿株。不須方外求名區，吾鄉卯塋天下無。末幅興趣自殊，聲韻亦與之流暢矣。

雪後夜漲曉與慎機往觀

前三句寫景極高
後四句似宜更韵

雲際山爭出飛泉百道懸春溪喧夜漲曉日破晴煙峰逼諸天近江繞大地圍何當沽美酒相對一陶然

贈蕭敬甫丈

金陵相見日秋色滿霜崖談笑人如昔風流世罕逢燈喧桃渡艇寺响後湖鐘揮袂長途去青山憶萬重

重聚皖城邊旗亭水接天春來纔幾日小別已三年燈火春江外雲帆落照前何由滄海去旅館共青編

贈方倫叔

我返西江棹君時在皖城相逢重午日同話一時情花月聯吟句昕宵把酒觥春波忽催別誰共聽雞鳴

殘雪已消盡，沿江碧水通。高城遲上日，春竹細延風。隄柳含新綠，春梅綻舊紅。明朝憶君處，雲樹滿寒空。

（此二句極練）（此乃極妙）

桃花

幾度東風吹未殘，千枝如火散春寒。空山只合藏仙種，那許閒人任意看。

千林競放野人家，斜映溪光散晚霞。天意若憐春色好，不教風雨損名花。

一春鳧戲溪光綠，十里蜂喧花氣濃。始信桃源在世上，漁舟何事不重逢。

北窗

日長人倦北窗前緩帶剛逢二月天高柳散風青娟〻
平蕪浥露碧芊〻十千沽酒與誰醉萬卷藏書空自妍
見說前村風景好菜花黃徧野溪邊 風調流美

春日偶成

捲幔山頭樹拂雲海南沉對綺窗焚莫嫌花落鶯啼老
春到江南已十分
社甕初開柳拂烟棠梨浥雨徧山前青天若肯如人意
便遣春光駐百年

海棠

向曉雨聲歇閒庭燕子來坐憐春色去翻恐海棠開金

屋何由貯空山且漫栽明年花處更放錦成堆

偶得神仙種閒栽小院傍無情饒嫵媚有骨恥含香蜀

彩明朝雨吳妝映夕陽少陵寧有意高咏偶相忘

燕子

春風吹紫陌三月燕初飛鎮日珠簾捲差池待晚歸

春殘猶積雪峻嶺入雲端莫怪歸巢晚山深氣尚寒

讀書

庭垂柳色依〻綠澗落桃花片〻紅底事興亡來遠思

却抛書卷立春風

次人韻

夜雨過溪閣寒生末暑時稻田通澗水花徑覆松枝風送荷香細山移日影遲知君有幽興歸路更題詩

和人乞茶詩贈湛士伯父

知君愛茶如愛竹一日不飲使人俗日長倦卧呼不醒一盞澆腸富非福西山嵗〻雲腴新自汲清泉到寒谷但令終日滌腥羶鐘鼎富嫌饞梁肉朝來一雨洗太清封題籥箬喜放晴有客叩門聲剥啄欲乞苦茗有同情香浮七椀飲不得恐公兩頰清風生

夏雨觀瀑

一月不雨農憂耕橫空夜半如河傾風耶雨耶兩不辨

但聞萬壑爭交鳴曉看天際雲漠漠炎蒸頓失涼風生野塘如鏡秧水溢泥潦四顧何縱橫青山似新沐中有百道瀑觸石爭喧豗奇觀駭心目蜿蜒出沒青林間散作霏微下寒谷我聞五老峰高挂玉龍千百尺又聞黄山巔水簾倒瀉珠萬斛勝境從來不易追十年結屋西山陲有景不惜詠百詩有酒寧嫌飲百卮男兒安得故鄉覊終看五嶽雲煙奇

此与我閒海市難追攀一首皆長篇中之极完美者

有策方而宜改之方完美矣

夏日有懷

明月猶在天羣動聲未閒地靜心自清曈然出塵霧濛濛曙光開杳杳鐘聲送田蛙漸鳴稀谷鳥有晴哢斗室

此實真境寫出

若繫舟小窗如窺甕俗慮尚可捐廣厦亦安用
幽居罕人事心與境俱寂美人期不來空庭惟鳥迹室
静蟲語階畫古風動壁晴潭見遊魚晚林看歸犢日斜
飛鳥明雨過寒林滴惆悵掩荊扉四山暮烟積
歲月若江水一去安得留逢〻今古人代謝成千秋古
人雖不見尚有陳編搜今人才力薄徑欲邁前儔讀書
江海富奇思繭絲抽何必遊名山萬壑決雙眸
昨夜一雨過園林散煩燠田家望秋成村〻喜雨足卧
柳覆溪烟落花流水曲秧水滿平疇桔槔空掛壁偶逢
隣叟來共話桑麻熟家〻獲豐穰吾心復何欲

閏五月五日

一年纏楚兩度（粽）薦吳盤天上依辰至人間閏午看秧田
經雨綠嶺瀑挂林寒再煮菖蒲酒重闌色笑歡

晚眺

山月挂寒碧歸鴉已倦飛遠林屯薄霧疊嶂澹餘暉室
暝清光滿溪涼濤暑徹華門闕莫上、猶有遠人歸

山行

曉色尚朦朧残星挂嶺東山光開宿霧石氣接蒼穹一
徑盤空際層雲地（起）中須臾聞吠犬到寺已曦紅

聞客談披雪瀑賦此

此等詩刻時可不存

此詩究未攄[illegible]。攄則須攄去許多，又互不能攄。之詩之境，自題之，予也。

廬山之瀑天下稱目雖未覩耳其名仰絕冠纓幾萬丈俯視但覺雲烟横崩巖觸石作飛雨散花噴雪明雙睛有時落日倒射石壁上奇哉白龍倒挂生光晶今來披雪瀑正美雷奔蛇拆蒼烟裹杜門坐惱墨磨人奇氣未騁空譎詭聞談美景亦眼明水光雲影洗相似鎮日蛟龍不敢眠三伏蚊蝱寒欲死豈其老仙不與人世通故下珠簾鈎不起不然工共首觸天柱崩長空倒瀉銀河水想當天風吹㩁衣幾欲乘槎浮萬里更從絕頂望城郭山如束筍人如蟻名山天下自有真邂逅遇之亦可珍聞言已足增奇趣況是親攜雙屐人

此有改可存

庭中百合花盛開戲呈沉士伯父

百花洲上春已歸百合風吹香滿衣金鍼銜梳舞風露
丹砂綴點鵝黄綈西山數枝風前弄珠簾不捲來禽晴
為公茗椀煮佳泉西窗喚起章江夢

題汪貞女畫

月季芭蕉

芭蕉半展殘紅盡畫意詩情檻外生忽憶安城涼夜雨
高齋葉〻一時鳴

紫藤金魚

一架藤花苑裏栽文魚戲水緑萍開若教變化天池去

會向滄溟破浪回

枸杞黄菊

澗邊紅果初垂熟，籬下黄花可耐寒。寂寞空山誰覓得，不妨聊向畫中看。

梅

一幅天然緑蕚開，暗香踈影傍籬隈。山人亦有氷霜骨，鋤徧清溪衹種梅。

筱塢族叔以茉莉花詩贈因賦此

晚風吹日墮峯西，扇底新涼動錦閨。紫石淺盆圜玉碎，緑筠小架護香低。思來釵鬢蟬雙髀，坐對階芳蝶共棲。

此詩可存可不存
情意適而已

清露漸濡庭月濕好同佳夢覓雲棃

雜興

日鏡清輿秋山好共尋寒風飛落葉朝日散羣禽

者重闈春花開諸弟吟幽居忘歲月嘯傲意何深

失恃已云久悲懷觸景深黃花思桂樹雨黑泣楓林魂斷

三春夢秋寒寸草心佳城期未得卭壑擬重尋

秋來籬菊放移種出林霏徑裹經霜蝸階前帶雨肥參

差斜日淡搖曳晚風微對景心堪遠紫桑意豈違

病起推窗望芙蓉已着花千枝麗朝日四壁起秋霞木

末采誰遺茅簷色自華廿年章水夢零落各天涯

聞道南征將旌旗動若雷安邊宜斗膽報國仗奇才組
練江城開（壯）樓船水陣開論功誰第一圖畫上雲臺

結屋西山下沿溪六七家霜晨肴擷菜雨霽喜移花駒
櫪無終伏鵬程且漫誇坐思投筆去不用賦蒼葭

送別筱塢族叔

兩度秦淮曾射策月明空自撫青萍秣陵紅樹秋看老
皖口黃花酒又醒談笑風雲頭尚黑交游天地眼誰青
逢知舊日停橈處定有風潮動客聽

菊花生日　大人作詩命同賦

黃花萬朶酒千杯坐對空山句漫栽勁氣不隨秋卉落

此之卻可存

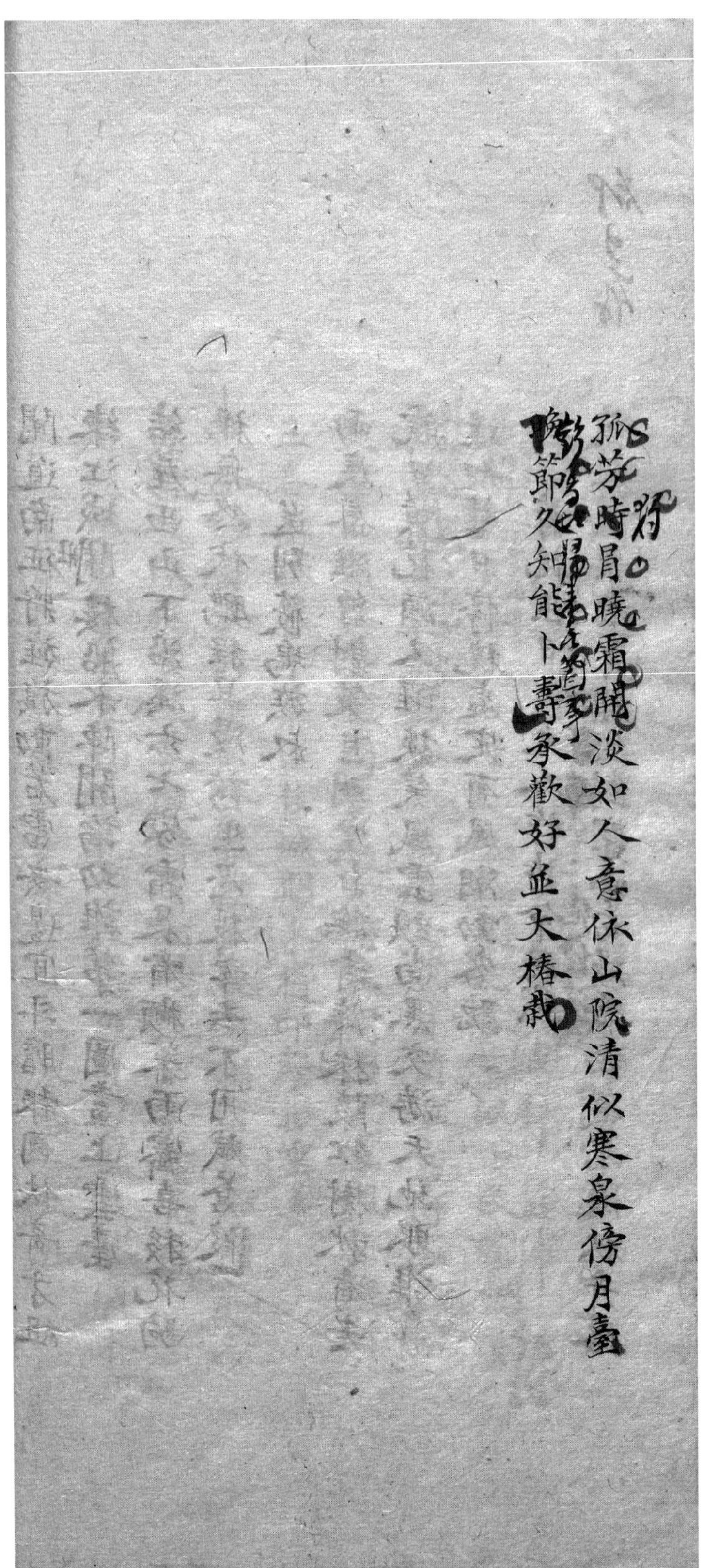

孤芳時冒曉霜開淡如人意依山院清似寒泉傍月臺

節久知能卜壽承歡好並大椿齡

遠心軒詩稿卷三

桐城姚永楷閑伯

將至省垣

喔喔雞聲動星稀夜已闌清霜前路白朝日半林寒杳
杳烟猶濕飛飛葉已殘門閭回首望雪意滿層巒

湖口作

彭蠡湖邊雲似絮石鐘山下雨如絲十年回首今重到
依舊風光祀竈時

九江早發

潯陽江上曉烟橫解纜舟行正更五野闊星稀天欲曙

乘風

是詩氣充語鍊無懈可擊惟一結字稍為頗奪耳上潦弱轉懈耳

江平風定（浪穩）日初生迫逢故國殘宵夢辛苦高堂一月程
早晚到家又新歲梅開花徧酒杯傾

余幼時識李芋仙先生於江右今重到而先生已
卒因讀遺集感賦

東湖春水碧如油想見先生湖上遊散盡金千還痛飲
貧無擔石不知愁人琴不盡存亡感山水依然今昔留
一卷遺詩千斛酒晴窗相對淚難收

懷高仲揆

門前秋水天邊樹晚靄烟村景更奇鄰竹驚風時戛戛
野溪過雨漸潺潺高堂雖黍陳芋饌斗室詩書下董帷

此詩卻清健

十載交情三月別山城開卷憶君時

懷阮仲勉

清曉高寒有鴈聲依山紅樹淺深橫野含殘雨飛餘點
嶺散濃雲放小晴洗硯每逢新瀑雨水讀書時就短燈檠
遥知登覽逢佳日何日山城酒共傾

雨霽得仲實書

雨歇雲含濕山田萬綠稠亂流爭赴壑暝色半依樓暑
退千林霽涼生獨樹秋尺書來遠道一慰別離愁

秋葵

烟痕漠漠山光早滿庭積翠無人埽是誰秋色傍籬邊

此頷聯僅佳絶而五六不稱如前卷中高城遥指處除此等等作皆有此病蓋貪寫景而不能創意之故与淺淺商之則還此等少力經營之處而隨時劃斷而剔精言流与之相摩務以為

細雨一枝開更好憶昔扁舟秣陵行嬌黄淺黛滿江城
珠簾不捲長廊静坐對終朝百慮清

雜感

窗前手種蕉仲夏陰正好秋霜忽被野離披使人惱時
來各自榮時去空枯槁風雲會有時豈必争遲早人生
浪憂喜得失同如歸何如飲美酒常使胸浩浩
新秋景物佳高樓退殘熱風涼林氣清雨過山容潔落
日向山低倦鳥投林歇須臾月東上樹影扶疏列移燈
就書案古語堪怡悦微月翳復明寒蛩歇猶咽吾廬良
足棲廣廈何必設

喃喃出巢雛，分飛各求侶。墮地為弟兄，惟有少小娛。竹馬三五騎，喧呼相爾汝。朝會小齋餐，夜共一燈語。當時不解樂，解樂不我聚。風烟慘征途，花柳增離緒。壯哉萬里遊，何如安故土。

○有客負城廬，為言路非邀。既遠塵市喧，頗得山水寂。近溪植蓮芡，遠水亂葭荻。天際羅諸峰，入眼看歷歷。君廬雖云佳，猶滯形與跡。美景無定在，俗慮端宜滌。吾性苟不迷，日與勝境覿。翻笑清遊者，空向江湖覓。

小齋城東隅，經亂未暇遷。青青屋内莓，班班壁上蘚。今我來城居，相將理舊椽。隨徑曲作柵，柵成堪周旋。緑竹

覿字疑是平聲因詩人誤押作平聲讀據何不宜用僻字押也所見如何 郁軒拜

映柵内怪石羅柵前舍旁植數樹密蔭自相連清霜芰
衆葉忽見林巒巔擾〻世間人多為外物牽遂令清閒
境坐失終無緣我生甘養拙如馬不受羈詩成足自樂
豈必求世賢

[illegible]首可不存

我生波上舟低昂無定在驅馬出郭遊聊得伸眉快落
日下諸山逶迤散餘靄峯背隱殘照陽來一綫明遠界回首
望西山秋雲日常晦蕭條涼風至林木起寒籟感時惜
光景懷人悵遠背每逢尺書來聊慰平生愛

此詩刻時亦可存我自加[illegible]可也不得以[illegible]二語遂不刻[illegible]

十五夜有懷三弟

鐃鼓聲初静深宵白露溥一輪今夕照兩地此時看投

子增秋色吳城起暮寒浣花箋上句歸日好觀同

別送僧

瓢笠蕭然謝世氛清心一炷海南焚松聲謖謖長疑雨
山氣濛濛遠似雲朝日上方鐘罷响晚風歸路水生紋
從今碧樹丹崖裏何日楞伽得再聞

秋日雜興

十日杜門住秋陰午睡醒孤烟林外白疎竹雨中青雲
氣潛浸户風聲冷透襦慰人一樽酒薄醉佇雙星
空山朝雨歇散步且謳吟雲日中天耀溪山一徑深午
陰團草舍霽色展楓林何日兵氛靖聞雞起壯心

四詩皆有再生韻
汝方予存
秋日一詩更有趣

破屋贈子椿兄

君居城北偶結屋僅三椽壞茅久未葺虫蝕頂已穿朝光透隙入點榻如珠圓有時清夢醒仰首驚見天愚夫倖晴暖智士妨未然一朝滂沱至倒瀉知誰愆桑土早綢繆聖訓古已傳願君及早計陰雨庶晏眠

我生少快意交遊亦罕儔時時就君家看菊聊爲憂今年新種好黄紫千百頭載以盆與瓶疊架豁雙眸諸兒解留客煮茗浮清甌但愁四壁立屋破風颼颼平生抱大志百不一二酬詩成三歎息廣廈愧難謀　此篇真摯

雪晴望投子山憶友人

庭除雪初晴虛室猶餘冷訪舊偶出門一抹山天影回首投子山逶逶天際屛落照從西來積雪明諸嶺野曠光眩睛冰壓枝垂瓔白失路高低跬步心自警逢知山居人日午炊煙靜深雪閉柴關清話圍爐煖安得驢背來共踏清寒境

有事西山留故宅二日

小留故宅脫塵拘坐有寒梅案展書爲憶南村清絕處寒流聲裏閉茅廬

軒前翠柏俯牆茨時有松姑踏落枝閒立小庭看白日鄰鷄唱罷又移時

橫笛歸來有牧童向余遙指舊芙蓉但添幾日巖頭雨
百道齊飛白玉龍
前山斜月挂疎林向晚寒烟一徑深我為停車幽澗畔
松風謖謖萬龍吟
溪聲枕上响潺潺燈結花　一榻安夜半忽驚樵唱起
霜高月落不勝寒
炊烟孤起出林間白鳥低飛意自閒怪底欲行還小憩
閒門閒處有青山

◎題沈石田長卷山水　◎

山石犖确分高低裙腰草色翠萋萋垂虹一道卧水碧

此結構美此等乃不須重疊寫景而自趨岸异樣超清逸也非淺識所能為

此詩固清逸矣肯查其作岸果請胡石與之工夫耶

詩看

閣下補漏比先生而能矣今中人之

江詹之

泌匡居

杏苞初折柳抽稊路。旁何人乘雨騎耳畔已覺聞驕嘶
前者入林去後者方渡蹊巖深路轉不知處忽開萬頃
青琉璃漁舟三兩泛遠近微波蕩槳靴紋齊後有懸巖
幾萬丈長松飛瀑絕壁仰臨巖觀瀑者誰子捋鬚不語
風吹鬢若非王子喬定是左元肪人間何處有此境令
我匡廬結遐想昔歲乘舟泛宮亭十里不斷廬山青湖
光山色咸一碧夕陽杳杳沉寒汀尺尺雖未窮其勝
自紀定排胸間胡爲此圖筆墨新展視彷彿當時境畫
潑墨勢不平林泉飛出如有聲常人胸臆不到處別
開奇趣如天成燭光墨影入眼明想見此老興縱橫小

窓坐對江山勝欲結茅廬野外耕

秦貞女詩

盤石高崔巍今古常不移烈烈貞女心矢志亦如斯苒苒歲云秋耿耿心獨悲君堂妾未登妾心君當知蹉跎空閨中與君見無時誰云見無時地下以為期容顏日已槁衣帶日以寬不惜妾身悴所悲泉路寒憶妾初字君豈知會面難君今為黃土妾淚那得乾柏舟古有訓靡他志所安生未同衾裯死當同邱山

曹岡農家

種苗曹岡下苗長稻且黃婦子兩三人收穫趁夕陽不

惜四體勤所望豐歲償今年雨愆期禾稼多損傷此方歲何稔村村看登場人。生天地間正可知農桑。秋冬絕鱸美春夏筍蕨香悠哉衡門下寵辱可相忘日落廣川平涼風起微波蒼然暝色至對此幽興多我喜農家子終歲忘催科食力外無求養拙居岩阿朝作不惜疲夕息還相歌相歌猶未已倏復醉顏酡

悟結語亦佳

寄蘓強甫師

遙知林下客高臥少人尋故里秋風起閒。門。落。葉。深日寒樅水白雨霽亂山青杖屨聞猶昔能無寄好音

過峽江縣

[illegible]詩不[illegible]

兩山相對碧崖峩，又載扁舟此地過。木落霜高天氣肅，日斜風緩櫓聲多。寒流轉處逢孤塔，瞑色生時起白波。远樹依稀似鄉國，柁樓坐看興如何。

安福署後有柳一株，是幼時手植，重來而柳已成圍矣，因感賦此

十載窗前柳，依依散曉風。昔歸剛社燕，今到又秋鴻。旭日千條映，寒烟一樹籠。婆莎不須歎，聚散本萍蓬。

敬和　大人試院偶成詩韻

二月春猶淺，危樓暫倚欄。嶺雲含雨白，村樹起烟寒。芳草來時色，青山假日看。年頭逢道泰，應見萬方安。

用　大人曉發蓼塘詩韻贈肯堂

去年相見露初寒客裏秋風共掩關襆被曾吟燕市月拂衣來看楚江山檻前花鳥詩情遠眼底風泉春色閒便欲與君到扶海結廬同入十山間

敬和　大人枯柏鵲巢詩韻

鸞鳳曾經宿於今尚有禽青蒼前度色榮悴歲寒心向日移孤影臨風弄好音一枝終可托坐看暮霞沈

敬和　大人試院書感詩韻示肯堂仲賓

布帆昨向秣陵來棘院清秋鎖俊才共道鯤鵬滄海化相憐風月大江開吳山回首思黃葉章水驚心又碧苔

清道子存

身世那須感菌溷，高樓三歎有餘哀。

敬和大人韻寄懷吳至甫先生

吳公丰采邁前賢，解印清風一世傳。石室著書多歲月，籐箋題句徧山川。懷人風雨三春筆，鎖院文章萬選錢。却憶舊遊披雪日，德星小聚錦聯翩。

敬和大人韻寄懷通伯及三弟

日日壺觴慰索居，何如故國剪園蔬。遥思雙桂堂前月，隔歲春鴻未寄書。

春雲障日薄如烟，寒食人家禁火天。近喜高堂動詩興，聯吟多在綠楊邊。

此什最佳所作古詩議
天機敏清適雅
可以此在見一斑
亦頗集可也
然易得能

細雨垂楊並作絲輕寒二月起遙思杏花開遍春將半
正是燕山客到時

敬和　大人題試院酬唱詩後韻

迢迢川泛白靄靄山含輝山川靜相對淡然竟忘歸春
日一何麗春風力始微連朝晴更暖卸盡三冬衣出郭
縱遊目使我逸興飛閒中惜光景物外見真機偶弄溪
邊棹時叩林下扉高堂聯韻事盛地足相依偕我二三
子有酒莫輕違

敬和　大人韻贈研齋

花下縱橫倒玉壺蕭齋萬籟一時無窓迎遠岫心常暇

此詩卻減

架有奇書興不枯坐見春風敷草木催成佳句詠璣珠
人間榮辱何時了贏得青山未是輸

己丑元日試筆　此詩移在試院偶成詩前

兒時蹤迹猶如昨列炬連宵爆竹聲開斂春風（鴻泥）三十度
新年（春風）依舊古安成

敬和　大人曉起試院詩韻

小院無人到長吟得句難竹添窗外韻花怯雨中寒春
色苔階靜韶光節市殘勸餐有白髮所祝在平安

○積雨

積雨春復夏光陰似轉盤櫻桃遲結實楊柳尚餘寒向

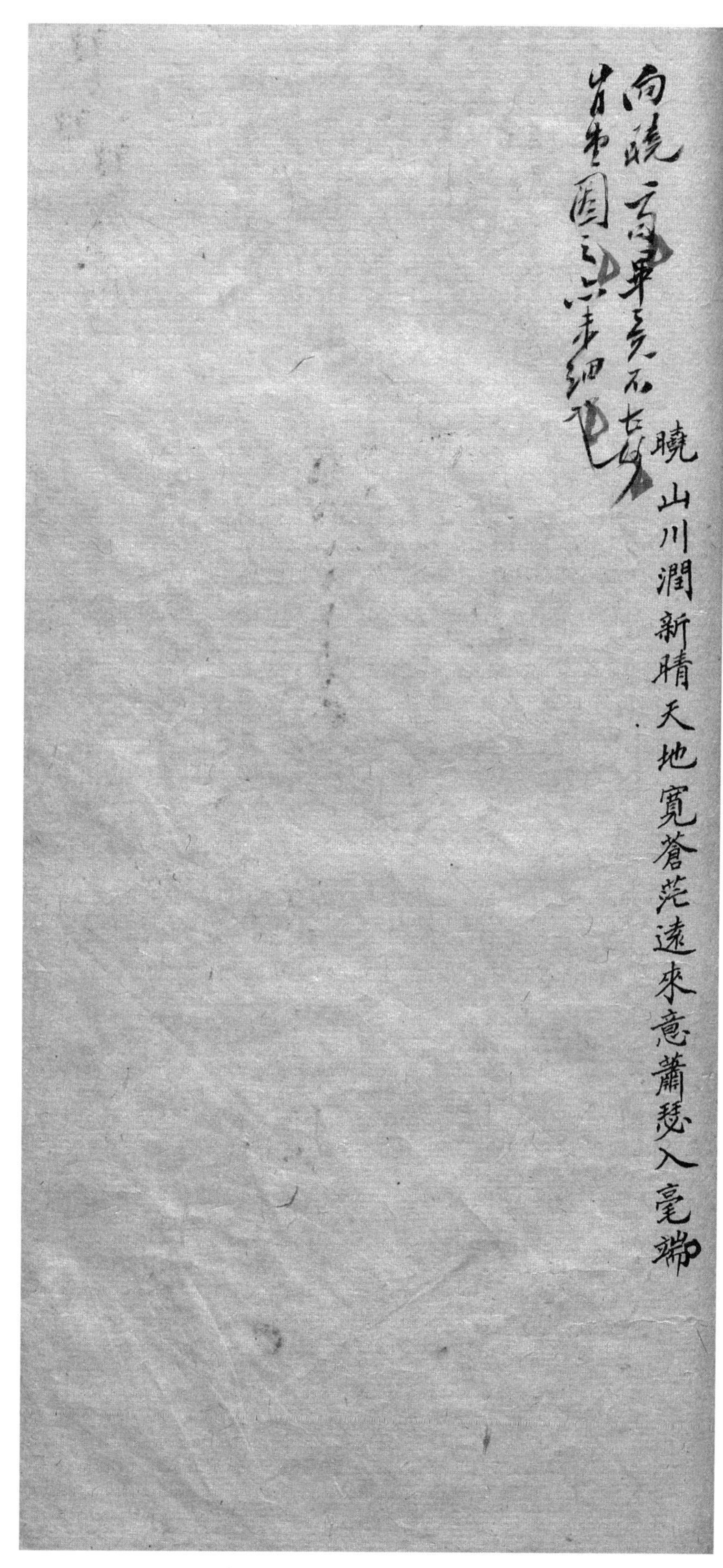

曉山川潤新晴天地寬蒼茫遠來意蕭瑟入毫端

將赴金陵留別謝君渭巖

西來雲物饒吟興，況有元暉得句先。眼底鯨鯢看掣海，秋高鵰鶚遠摩天。武功朝日含殘雨，白下秋帆挂碧烟。此去相思各無極，前期應是月三圓。

聞肯堂病詩以詢之

城西一揮手，帆挂帶朝暉。文字情相許，江湖病獨歸。山光開華牖，海色接荆扉。予亦金陵去，秋風蒲釣磯。

八月初聞雁，蕭然客舍間。秋風生極浦，暝色下前山。懷舊頻添夢，開緘一破顏。相逢應未遠，有約待春還。

以詩筆格安儀此余與君永洽年戊子援我詩如不精菁公因定而處館任樅選而余文集館先張人生鳴所喜只堂歌舊酒此詩觴辰懷慘淡往

樅楊阻風

漠漠長空雁叫晨，皖江細雨滯行人。文章又墜霜中翼，歲月空消道上塵。小市民居都在水，荒村魚艇自橫津。漢皇寂寞陶公杳，悵望遺墟藹綠茵。

途中奉寄沅士伯父

小住鄉關又容塵，風流濶別忽經旬。清談高致如逢阮，小築幽棲似避秦。黃菊開時陳茗碗，滄波平處理絲緡。他年結屋堪偕隱，肯向時人漫問津。

往安福途中寄呈外祖母

歸來暫解老人顏，情話纏綿不計還。一棹青山又萬疊

此詩極韻古深

夢魂昨夜繞鄉關

日落皖江秋氣寒蘆花風起客衣單靜觀堂外春如海

準擬歸舟放眼看

○泊馬當追悼女朝丁亥舟過此女朝殤遂瘞于山側

飛盡丹楓樹杪枝布帆收處起遙思江雲日暮陰初合

戍鼓宵寒點（漏下）漸遲○小塚迷離秋草徧荒碑蕭瑟野風吹

明朝停棹知何處月落燈殘憶此時

自金陵返安成叔節出示偕同人遊石屋山詩因

賦一篇

高山陰蔽日縹緲流蒼烟太石如削鐵突兀撐青天上

此詩甚也多佳具有
唐韻之句

有千歲松傘蓋摩空圓下臨百丈溪聲攪蛟龍眠飛鳥
不敢渡遊屐共攀援窮幽到地底曲徑深蜿蜒寒乳滴
成柱蝙蝠大如拳側身入重穴天光一綫穿攀藤出險
磴寒日當岩巔竭來十載間客覧忽園田園田非所戀
又及石屋前方將窮兩目載酒話前緣西風吹我行共
棹秦淮船秦淮雨新霽後湖花正鮮霜微柳未落香冷
蜂猶喧同遊蕭與張文采殊翩翩高談豁意表清思入
詩妍却憶此山好登臨讓君偏謂當作重九攜客聯吟
鞭入門忽大笑果見琳瑯篇名章奪康樂妙句挹青蓮
昔人讀書處蒼茫過百年結構翳荒草代謝如蜕蟬前

遊與後死步武亦推遷所餘寶榮名山水同流傳

冬晚出遊敬用樂字韻

涉世如乘槎風波任起落授身為形役每失當前樂老樵昨夜折知受北風惡朝日暖且鮮山川春意作西郊勝可探聯詠林間閣逝將把臂言買山守尺蠖

冬晴鳥語歡塲罷田家落出郭渡石梁水退沙痕閣幽竇琮琤鳴林籟笙竽作雖無佳茗煮巖泉自不惡人生纓世網未老髮先落何不八極遊豈效求伸蠖

敬和　大人秋柳原韻

依舊千條帶落暉流光漫長往時圍鶯聲寂寞春空去

鴻爪淒凉事已非東閣唫蟬方美蔭西風客燕似重歸
何堪落葉蒼烟裏不綰清愁盡意稀
高堂二歲喜淹留坐看庭柯又送秋雨挂碧絲芳草苑
風梳凉影夕陽樓傍連橘柚添幽韻遠映芙蓉寫勝遊
眼底蹉跎終有意莫因摇落動鄉愁

敬和　大人雪菊詩韻

奇姿寒逾清凡卉秋先竭誰抱冰雪心晚向東籬折據
梧雅韻妍把筆幽情結坐被花惱人推窗豁林雪

用叔節韻寄兄錯

男兒適四方有如染素絲苟不慎黑白將為墨翟悲范

子腹便便斲輪老匠師拳曲亦成器尺寸無所麑高吟曲未終忽忽張帆馳狼山興章水千里空相思遥知蕭寺雪熱酒破寒時兼珍調弱體安神坐深閨昨來城南遊林緑三冬期山晴縱遠目梅冷綻冰肌同賞雖云樂表靈待瑰辭願隨春風來武功耽巍巍

敬用九字韻

閉戶不知殘臘盡老梅綻蕚能耐寒已看冷艷豁意表忽有奇句來酒闌詩書萬卷待貯腹人世百年如推丸出門一笑山山碧東風依舊薦春盤

敬用功字韻寄沈士伯父

繞郭田家樂脫豐他鄉風景歲時同山含春意容俱活
水印雲光底欲空名酒作傾成小醉舊書重讀策新功
遥憐惜抱軒前雪萬斛清光一睡翁

用篤生古松韻

蚪枝吟風寒老幹逆雲飛坐久清我心只恐日西歸奇
材可樑棟斤斧所赦稀匠石棄散木輪囷空十圍何如
飽霜雪鬱此蔭岩扉

七句後另韻耐
末及代思可自
斟之

深宵

冷破餘醺候瓶花受凍多風聲屯雪意霜氣折簷柯斗
室寒添火青燈倦罷歌心閒顏可駐不用覓如何神異經南

方荒中有如何樹其
實食之可得地仙

題西山精舍圖並送三弟公車北行

曉風颺袖餘寒薄草木遥看緑意作南方春色剗來先
艷艷桃花映官閣吾鄉山水夙心親竹籬茅舍我神
春風澹蕩秋月白閒敛山中高卧人十年夢斷忽章水
眼底風光又如此日長罷讀人意慵坐想鄉園清興起
馮君之筆輞川來墨痕點綴溪山開對景如何不歸去
空負柴門瓊瑤路吾儕讀書官為業遥望宫雲目先斷
榜頭名姓見分明一紙泥金心欲衡杯明日送君行
茫茫萬里烟水横帝城得暇展圖畫知有林巒入夢清

序事不甚分明
亦有序

陳蒲仙屬題晨坐焚香圖

吾廬昔攬岩壑勝朝來爽氣窗可延捲簾風定香篆直
人聲四寂惟鳥喧風流歇絕淵明遠已覺身在羲皇前
未能拂袖山中去坐對圖中意惘然
園中春色草已芳武陵陳子清興長凴君潑墨得妙趣
為寫縑素懸中堂是誰結屋傍山趾西窗挂起凉如水
他時此境何處逢尋君應入桃源裏

竟入桃源去矣
正此詩讖

三弟别後却寄一詩

孤帆泊何處望月起相思無那芳春别翻憐弱歲時柳
舒江岸影杏綻上林枝歸詠霓裳日高堂應解頤

二弟書報外祖母病

百花飛盡柳成絲涼夜吟成有所思別後書來聞食少
愁深路遠欲歸遲凝香珠箔風初定待月紗窗露漸滋
最是相依舊池沼幾回臨眺似兒時大人前任安福時外祖母同來署

去歲安福民家生竹一科三莖以牒來报生員劉
國傳又以並蒂蓮獻　大人既誌以詩署中諸子
皆有和章今年復繪圖既成命賦

葵扇筠簾避暑天高堂樂事閱長年移來海外三山種
寫徧人間五色箋碧玉鼎生苞共圻紅衣新放蒂雙連
披圖却憶嘉禾瑞會與安南耀後先

詩到真摯不必以造語爲工此詩是真率也

聞佑孚族叔卒於南康詩以哭之

痼病那可久，猶期見里門。誰知春月夜，客裏爲招魂。桃柳貧居在，楂梨弱息存。南康他日路，灑淚向江村。

哭澂士伯父

吾伯軼世才，兀傲貯清氣。長貧突不黔，藏器裘反衣。雖無車馬喧，卻有林泉慰。興來便促膝，不惜清辭費。一去遂千秋，臨風有餘慨。千古陶潛琴，誰識無弦味。

自昔初復堂，結屋北城裏。惜哉經喪亂，空餘舊基址。當時創建初，絃誦聲並起。拳理與惜抱，兩軒先後峙。風流今豈賒，屈指一炊耳。守先以待後，惟翁差可擬。強飯邁

羨二字宜換

少年把筆睎前軌每逢扶杖來聞聲跫然喜去歲射策歸檐菊開黄紫撚鬚向我言此樂良可紀胡為章江來忽報哲人死已矣那可論相憶從此始

平生知音稀一死蓋棺了青山一坏土何處安宅兆武功峙嵯峨彭蠡翻浩渺魂飛應難越慰我夢都杳令孫日在側頭角出人表相對只增悲但勉前徽紹生存且勉力九原人應曉

二弟書报　外祖母之變痛定成詩

客歲驅車出傷心拜别時秋聲正蕭瑟草色已凄其相憶情無限開椷病已衰相思似章水流向皖江湄

噩耗忽而至，悲懷那可論。已虛歸日約，猶記別時言。寂
寞殊方景，提携弱歲恩。悠悠千里路，何處賦招魂。
此地曾經住，年華不可追。柳條身後緑，署中柳一株，外祖母居此所種。
山色眼中悲。傳疾情長負，還鄉奠未期。暮天一眺望，寒
吹滿林陂。
傳聞投子麓，野殯此閒停。一澗流終古，重泉閉不醒。山
莊雲黯黯，曹岡為外祖母別墅。江路雨冥冥。空灑天涯淚，晨鐘不
可聽。

署中木芙蓉盛開

安成去住似浮家，眼底芙蕖麗晚霞。三度未逢牆畔蕊

四年初見檻前花丁亥戊子己丑花開時皆因事不在署　風霜幾日殊朝艷蹤跡平生感歲華攀折明秋又何地莫辜卮酒對名葩

與同人遊北華山詢舊僧已死三年矣

老僧閱世無長物一卷楞伽老更親化去色香空法界重來今昔感斯人荒階冷落飄紅葉怪石玲瓏映緑筠惟有負塵壇上佛翛然坐對悟前因

九日登高憶元錯

幾日霜風菊漸開翠微高處獨徘徊天寒（霜澄）萬木秋將老水盡南天客未來開甕我儲元亮酒淩雲君擅士衡才

何當一鼓西江棹共把茱萸酌玉杯

和无錯遥字韻

灝瀚高懷江水遥雄談為我破無聊平時不酒愁能散
病起論詩興已饒曉日布帆雷岸路落潮秋月虎溪橋
知君雅抱無窮意到此還應次第描
飲河鼠腹得無多新句何當邁白科幾度聽雞鳴不已
平生率馬是如何吟成且喜三冬暖意愜休嫌後世訶
聞道二龍才並美可能驥尾共高歌

題无錯大橋圖遺照

狼山矗立海水蒼奇氣鬱發鍾秀良范君年少才汪洋

尤能感動

來配淑女[illegible]琳琅祇今寂寞邱山荒[illegible]千載迷悲涼
大堤落日荒烟積千樹萬樹傷心碧倩人作畫傳其神
一幅冰綃愁滿臆結廬安得大橋東溪堂樽酒從吳公
披圖重對燭花紅葭莩依舊一家同

題无錯去影圖

天下名區點檢饒表靈惟有筆能描平生事迹千秋在
便擬流傳萬古遥茶夜龍門春入座月華鳳啄影橋横
就中兩地都鴻爪坐對丹青不自聊
挂東清景一邱多久别山靈向我訶故國不堪勞遠夢
新綃且與發高歌八條事往饒辛苦三上書終報甲科

[illegible]

莫惜許蹤總蕭瑟異時圖畫又如何

三弟將歸因无錯至辰期十日喜而作此

南方十月氣猶燠繞榻飛蠅未盡掃昨宵過雨長溪漲
歸客丘逢波浩浩人生讀書總角好身世行藏豈空老
遲辰會看變風雲端居自足開懷抱子今歸去廬吾廬
石室琳瑯供搜討斯文斷續吾儕任莫為等閒空喜惱
已欣仲子得聯床又恐良朋剪燭少從來聚散難意料
造物於人忌文藻扁舟遙指皖公城清霜欲滿章江道
范子翩翩鸞鶴儔昨日來自東海陬吾弟一笑十日留
舉家歡喜傾金甌風清日暖菊英遵酒酣為爾寬離憂

三句宜自加錬詩

筆詩是爾俱出力之作若全卷七古之昌敵特者

和三弟煥字韻即送其歸里

冰雪無端變炎燠，綠鬢朱顏豈常好。胡為繾綣未多時，
寒梅又遣離人惱。扁舟憶昔到章門，丹桂蟪蜷香在抱。
竹林處處步重聯，柳徑朝朝詩共討。韶光如此快無窮，
焉知痛飲平生少。自從南北逐名場，年年奔走空文藻。
岩廊圭竇固有命，玉兔金烏那禁老。樓頭吳月幾回圓，
衣上燕塵已再埽。相逢未穩復相悲，征軓又迎潞河道。
爾歸三徑應歡欣，臨岐那不戀懷浩。龍眠耆舊誰與儔，
高文大冊名山隩。讀書斗室堪淹留，破寒亭畔傾金甌。
明年詩句應更遒〔道〕，洗眼消我胸中憂。

余生心雅不工
黄菊同來
共與往前之

和 大人并字韻送三弟

離愁詩思酒闌并銜地袞歌意豈干白雪漸知歸路冷
青山不盡別時情淒涼曉月章門樹迢遞春帆皖口城
正是高堂垂暮日還期隔歲復西征
淵源家學皖江長萬派同推百谷王此去故山勞望遠
應披先冊動悲涼文能愜意無餘事蔚到安心即起尫
投子峯頭仙井畔春光須爾十分强

疊韻和天錯微雪詩韻

漢金趙璧萬家并去歲庭階此日平又向山林投鶴氅
會於亭榭戀貂情散花髣髴冰成樹飛絮參差玉點城

其極而自適也

年穀屢豐看兆瑞懸瓠無事若宵征
流水跦離一望長老梅香應號花王雖無萬丈冰橋結
已覺千家火宅涼集霰徐堪資潤麥卜年知可免焚尪
與君更作消寒會持較山陰訪戴強

再疊韻
和元錯倒疊詩韻送■典行

如君竟不拔茅征肉食應難相管城三數朋交天下傑
一生風義古人情高齋興發吟難遏下邑時和政自平
何日從君江海去烟波無際望中并
習俗焉知南北強殊方簫鼓鬧巫尪蚊飛十月裘忘着
龍蟄三冬地未涼獨把詩懷對名酒誰將別恨懺空王

眼前為樂須臾事珍重春回一綫長

和 大人語字韻送三弟

皇皇鄙哉肉食語何異山鴟嚇腐鼠吾曹獨話西窗雨
酒闌人散燈燭紅歌呼夜半生悲風高跡欲問商山翁
霜寒木落山童童叔也扁舟行欲東青山滿眼隨緣好
鳳啄龍眠俱夢中

聞二弟有天津之行詩以送之敬次 大人韵

爾去燕南覓舊因江山滿眼助吟神要償聳壑淩霄願
莫學棲郎飲谷人碧海津門兩奇絶白雲章水一閒身
遥知絳帳高懸處桃李春風樂可循

題无錯山海圖

高懷攬盡海天秋，曾躡狼山絕頂遊。撼寺風濤勞遠望，憑欄環珮動清愁。當時陳迹空臺在，此日春帆故國收。知汝此行異今昔，開圖示我鬢雙[illegible]。

予與弟妹同侍安成近二年，兩弟忽相續攜眷歸里，心甚惘惘。今妹又復于歸通州。三崟詩社既罷，聯吟千里，長途復難相送，瀧涕臨別，情見乎辭，亦不計其拙也

少小得真歡，中歲傷離別。雖云勢使然，愁思難强輟。女子墮地來，遠行固素設。不謂一紙書，日月便當訣。滔滔章江水，迢迢狼山雪。春風江上寒，淚與冰同結。安得伴

長途為汝料饋肴餐飯勸汝加衣裳為汝潔誰謂江湖通咫尺如斷絕誰謂刀有環眼前已刀析心緒千萬端倉猝何由說

余生喜孤寂結交寡侶儔所賴弟妹間晨夕相唱酬昔年送兩弟幾日夢綢繆今子又遠征誰解高堂憂階前絳蠟燒席上綠蟻浮縱此目前歡償彼別後愁又書且來往勿以道阻休征帆果臨發千里心悠悠

予送兄錯至廬陵將別兄錯以詩見酬和之

離亭握手惜君行相送扁舟又一程欲共青山前去路更憐白髮此時情明湖萬頃春將滿孤枕三更夢未成

骨月東西各千里天涯無奈別愁盈
孤月微雲障不成沿村燈火望中盈山城曩夜烹茶樂
野泊今宵鬬韻情嗟我同舟仍獨去憐君健飯更東行
遥知江上春蕪滿多少淒涼話客程

自題鬥影圖八首

我生涉江海幻境如雲烟惟有本源地數反情難捐遥
遥長嶺頭祖墓營其巔其陽迎朝日其陰挂流泉横目
眾山須羅列誰比肩護守仗佛力創寺近百年每於春
秋來風雨抵足馬老僧罕入市欵洽意獨處回首四年
間路斷心常牽何時反鄉閭手種山間田徒誇萬里志

兒詩紀精華
甚真而婉諾
[illegible][illegible]摘[illegible]尤矣

峰字若此處重押
與前觀字一般矣
亦是押此律病
又是一樣也

詎謂子孫賢 右三芝庵

擾擾功名士塵網多蔽壅寂寞閉柴門江山知見唪憶昔西山居繞宅邱壑聳十載歸去来樂哉林泉奉當時吾親健圖史日坐擁懷抱景俱清結友名堪重誰使章江来空觸歸情動況余麋鹿性久淡金門寵何必覓鄉人譬曳荒山踵 右桂東山

餘生歡會處過眼何足耽惟有手足誼此味久彌甘吾家百年屋西壤隣佛菴每當明月下偶送鐘兩三是時八九月萬里天如藍仲歸海上船叔解江陰驂慰此久別意清夜縱高談世路多風波涉歷我微諳就深與就

淺所探諸第探惟欲得閒身白首共醉酣徘徊古槐陰
飽統龍眠嵐蒼茫贛水上極目愁丘含　右鐘韻軒
有母不及養鐘鼎又何加惟餘外祖慈寸草春暉賒晚
愛湖山勝結屋種桑麻心寂淡忘機地靜絕塵車年年
二三月桃李燦如霞花開吾來醉花落吾還家憩飲店
俱熟解裝日未斜當時道旁水此日紙上花音容不我
待歲月忽已遐展圖空長望千里一長嗟　右靜觀草堂
結交徧四海貌許心難投真意得相期惟此一二儔居
常抱疾俗嫵媚不能周古人以此貴今世之所羞吾鄉
有高阮貧困居荒陬荒陬忽異地各復稻粱謀南窺海

共志待相期
淺生在內房

疆險北攬津門秋却憶歲壬午射策同歸舟朱霞映天際紅葉滿樓頭此景豈難再此人不重遊風烟江海濶展卷渺予愁　右擬陽

雪耀天地白境寂江山孤誰使垂老人歲暮猶征途遥遥匡廬山入眼如畫圖風塵敗人意賴此興不枯吾親餐飯健高吟一酒壺小子伴長路亦學嘗艱虞何來雪中船遠迎出深蘆慰我寂寥中得醉荒城酤山川無定美趣者意自殊誰知異方景能博吾親娛　右匡廬

南方冬日好山水氣常温居此良足樂極目巒樓中軒老親喜高咏興若春泉翻險語每獨造奇句破前藩就中

惟范子磐礐堪追奔餘子亦珠玉花月同討論人生如飄蓬焉能繫其根當時壽樂事事過了無痕我今乞人繪聊托片紙存貽謀詎在大已勝千金恩　右三釜齋

安成出北郭橋跨百里川春秋一俯仰山水自澄鮮每與二三子散步得安便謳歌閒笙笛曠若憂思捐桃源豈真境意暢境自仙人世夢幻中偶聚即成緣不惜千載名安知古人賢且申今夕樂乘月披寒烟清光盪波碎遠籟因風傳頃此須臾景仍歸聽市喧　右鳳林橋

二弟明嶽擬出遊昨來觀安福六月同赴金陵試歸營　母葬相與念　重闈年老又當遠離感賦

一篇

浮名難久逐親老喜相依仲弟忽而至郵慰三春暉安
成值長夏地僻事頗稀歡承大母室綵戲孫曾衣袍肥
蕉、葉大蓉桂發新枝云何不留此炎日駕征騑征騑向
金陵老槐花正緋三條五燭盡一笑辭棘闈得馬與失
馬浩蕩付天機默計今秋冬歸棹入里扉松楸共手種
臨穴淚交揮冬寒天氣清霜重木葉飛行行至武功慰
此倚閭歸我返西江路子跨薊門騑弧矢慰親意出處
豈云違遙遙知陽衆景緣褊燕南菲蒼茫天地闊何處稻
梁肥

喜通伯姊夫來安成即送其行余亦有同赴金陵之約

自從鄉國挂帆去，回望龍眠盡白雲。碧水幾回空送客，青山此日得逢君。相看鴻爪留名地，醉寫烏絲見異文。此去滕王閣前路，遲予十日話宵分。

喜四弟晬盤作

吾弟初誕時，湯餅客盈室。忽忽歲又周，盤晬日逢吉。今朝天氣清，堂宇器有秩。羅席看種種，置几出一一。承歡有大母，環觀鬧諸姪。老兄興更豪，懷抱坐諸膝。左有黃金印，右有鄉環映。崢嶸頭角奇，清氣眉宇溢。兒事話曹

弟年來集多以學合爲成有去取也

彬破甕憶君實披然雜語笑爭向重闈述人生惟庭帷
至樂無與匹窗椰覆絲長院柚垂珠窓兄今赴棘闈解纜
在明日相期讀萬卷雲路看超軼

右詩四卷涵畢處診參不知其診異日者
閑伯風雨思家展閱此卷其亦足見吾之真
乎

壬辰重陽前一日謝涵屏優於桐城方宅

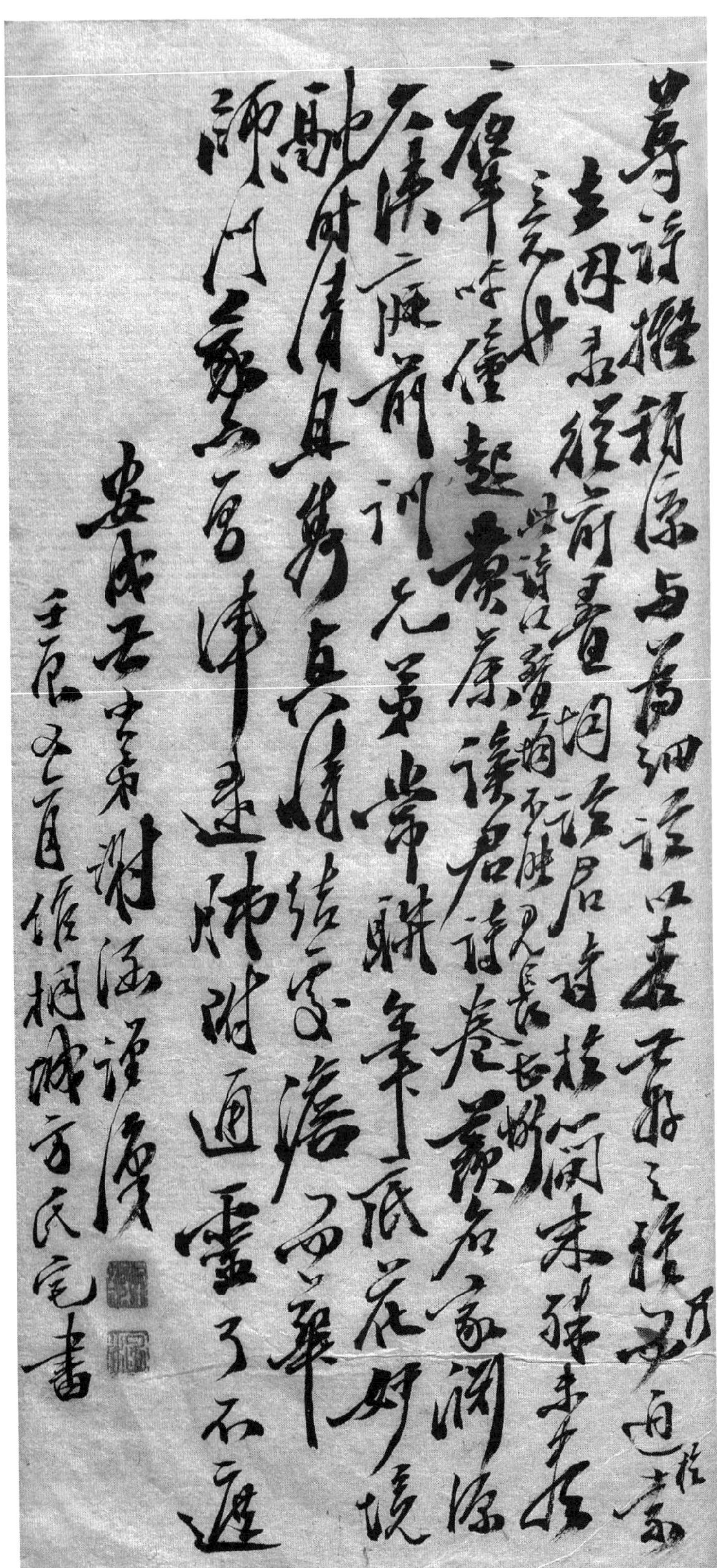

情賦哀来不可平

少狂喜文章兒戲藏洂篙開闲日數十惟有歸知早事知後歸来壯大仍狃此既無徑国意亦乏牛毛理論古多弗雖規時又不綺那弗偷欲休而積寸有愢懷之切笑人沽之婦亦恥

三戰敗不羞九敗益以笑久於其子中表裏洞然照又知博戲理洞見得失竅群人之所爭機數從而妙得者常得之失者驟难剽操持予奪人喜惡在一眺当時多有縣彼亦孰肯慓終於授受间大小必同調凡吾所以窮機凝内弗肖

夕年見青春竭力追修歡中年見青春独為故人歎誰
念故歡易誰畏新歡難新歡若大道駿馬被雕輦操之
慎無躓方里亦能殫故歡似変嶺曲於千回盤異時所
経歷往〻摧心肝嗚呼諒今昔孰知余所安
白日不照物明月空亦為莊〻野草緑却受月華滋而
況衛門下幽人方俯頭陰霾奪皓魄長夜何由熙冥陵
萬燈火操用枯燐為乘天以為樂者乎余所悲奪〻余
不顧蓍澗遂從之
草端無華滋吾能聽其槁徵命向吾飄晨飈散而埽吾
有白石池春秋蓄文藻欣於一盼间此疾亦難療

兩馬齒俱壯一馬心先摧一馬興猶悠却向風塵来悠
々各羣遊兩馬無相猜君見九州道々上飛黃埃戰々
道中馬揚鞭坐輿僮抑々道旁馬牧豎聲相唉心摧回
當爾娭亦胡為哉

春從沙磧底泛濫神州中一風萬竅号一雨千林紅陂
陁織紈綺雀鳥為笙鏞吾觀上下墜託物吾(無)織洪乘時
借春力一々膚其功人為萬物主名大實不崇卒為自
生活不與造化通冥情對生理捽耳過春風誰能撫其
體琢冶施天工古来聖人智々必師凡(蟲)閒誉偏天下
吾方自責貶

晨興望南山，山陰雪猶縞。道左逢沙山，黃黃無寸草。晚泊群山間，蒼然氣迴抱。茲皆非吾山，何必問醜好。吾山天東南，左海亦淵浩。一去新綠軒，悠悠十年老。·

結屋山澗曲，山傳與我親。優游弄文史，顧我歸未頻。多財實累沙，燦然當時人。懷哉善自保，使我有歸身。

朝日一曝背，百骸從之馴。還於屋底坐，手足仍凍皴。疏疏千里道，積雪埋枯鱗。船風四面至，爾火嗟無薪。發書檢敗篋，拂拭蟲中塵。一讀凝寒解，方知此物仁。

黃菊有至性，夭桃有至情。綿綿各自活，藹藹為天榮。野人實枯槁，菊以歸泉明。寧知五柳下，夢與桃花縈。一讀閒郡國江湖底城池山峽边人烟爭逐市風景欲除年歲比三行役今来四易船撫時真惕若為客轉蕭然旅夢宵無定詩心日有遷鐘除生儒習椎擊覺高篇屬筍思能銳貪茶味故圓遊詞恭雪意落句暮霜天生挹他山妙淵懷吾道賢澄清见灘水边遙隔墟烟善化明朝覽佳期以日媿生慚愣散質臨罷益悄〻

已入灘河間舟人言往月中安福使人迹探之狀慙恐彌甚心神益焦暇復為詩十九韻

順康元老家乾嘉大儒系道咸名公孙同光詩人子藩〻敦詩援持以配當世當時却不言咄哉吴刺史特我

烟霧中德我尔已訖今今尚在逐吾獨望公耳金陵進諸昆玉樹何相倚依〻訂後期〻在月建子豈知歲寒累隔月不能指紛然落葉多掃去復填委江流入大湖〻窮見灘水一月四易舟偃蹇莫能駛已附安福吏遞探日有使人生重然諾大諾猶可尔感此宵寐愆對烛弥慙已韓公詩萬篇翺也數十紙培塿附泰山不尔將安恃伐肝所新作急索勿令從持為到門獻蕪皆庶能理

丙戌在冀州至父先生云當為之渫而勸諭之將及一年卻矜惜未肯道其人直至去年方道其實也

雜感二十八首廬陵道中作是時方點臨川詩至第八卷即用其每詩之題句以啓吾興端

姚永樸

遠心軒詩稿

白話史

姚永樸

簡介

姚永樸(一八六一——一九三九),字仲實,晚號蛻私老人,姚濬昌次子,光緒二十年(一八九四)中順天鄉試舉人。師從同里方宗誠、吴汝綸、蕭穆等人,受詩、古文辭,於經史無不深究。著述宏富,有《諸子考略》《群經考略》《群儒考略》《十三經述要》《七經問答》《大學古本解》《文學研究法》《史學研究法》《史事舉要》《舊聞隨筆》等傳世。

蜕私軒文稿

一卷

蜕私軒文稿

《蜕私軒文稿》一卷，稿本。一册。半葉十行，行二十一至二十四字，無框格。開本高二十四點三厘米，寬十三厘米。有方宗誠、馬其昶批點、題跋。

本書原無題名，『蜕私軒文稿』系據原書簽著録。收論説十八篇、序跋三篇、書五篇、贈序一篇、記二篇、傳四篇、墓志銘二篇，爲永樸古文代表作。書首有方宗誠題跋三篇，對姚永樸古文及桐城派古文得失有精當論述。書中天頭、篇末又多有方宗誠的批點，另有馬其昶的題跋及篇中評點。本書具有重要的文學、文獻價值。

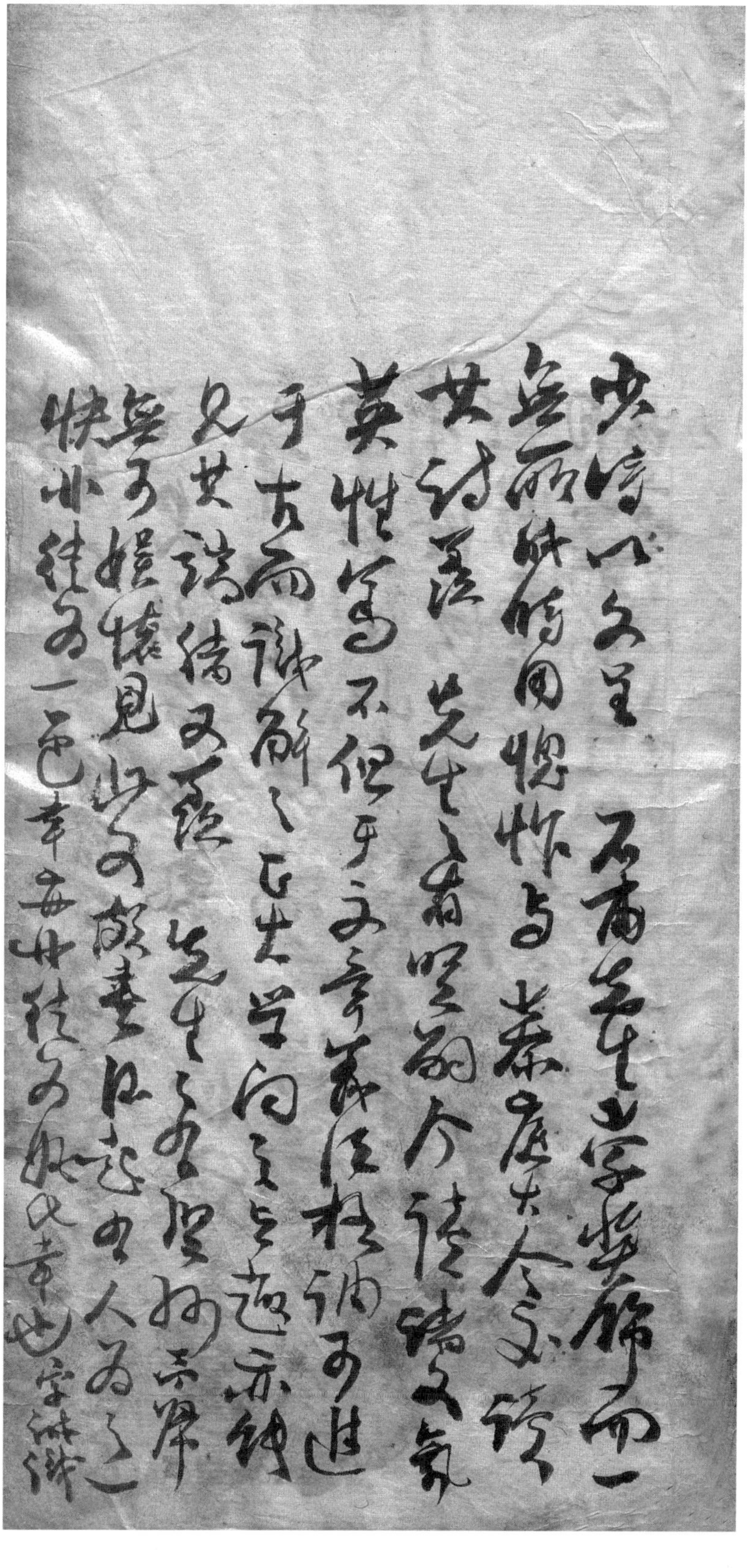

讀律文時可以窺見之志意正大
之見識而文氣甚沉實英邁之
筆致軒舉而不浮華不自廉
畢經史山窮經究史稽求以義以為
本經經以為用致之於行證居身
性情爲書之本文章亦可爲當世
用人物句補以桐城文派自圖可
成家傑之士矣　陸再記

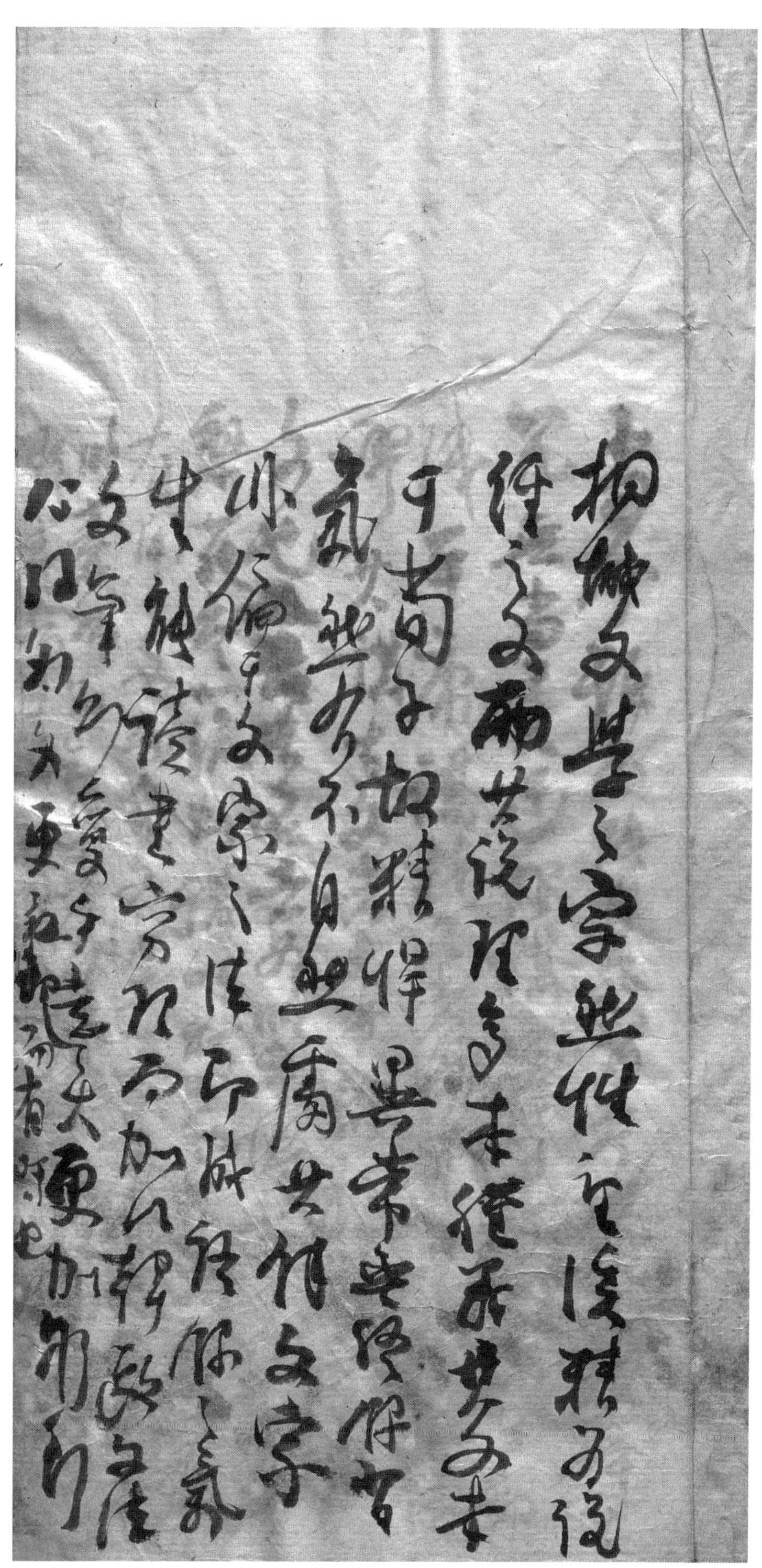

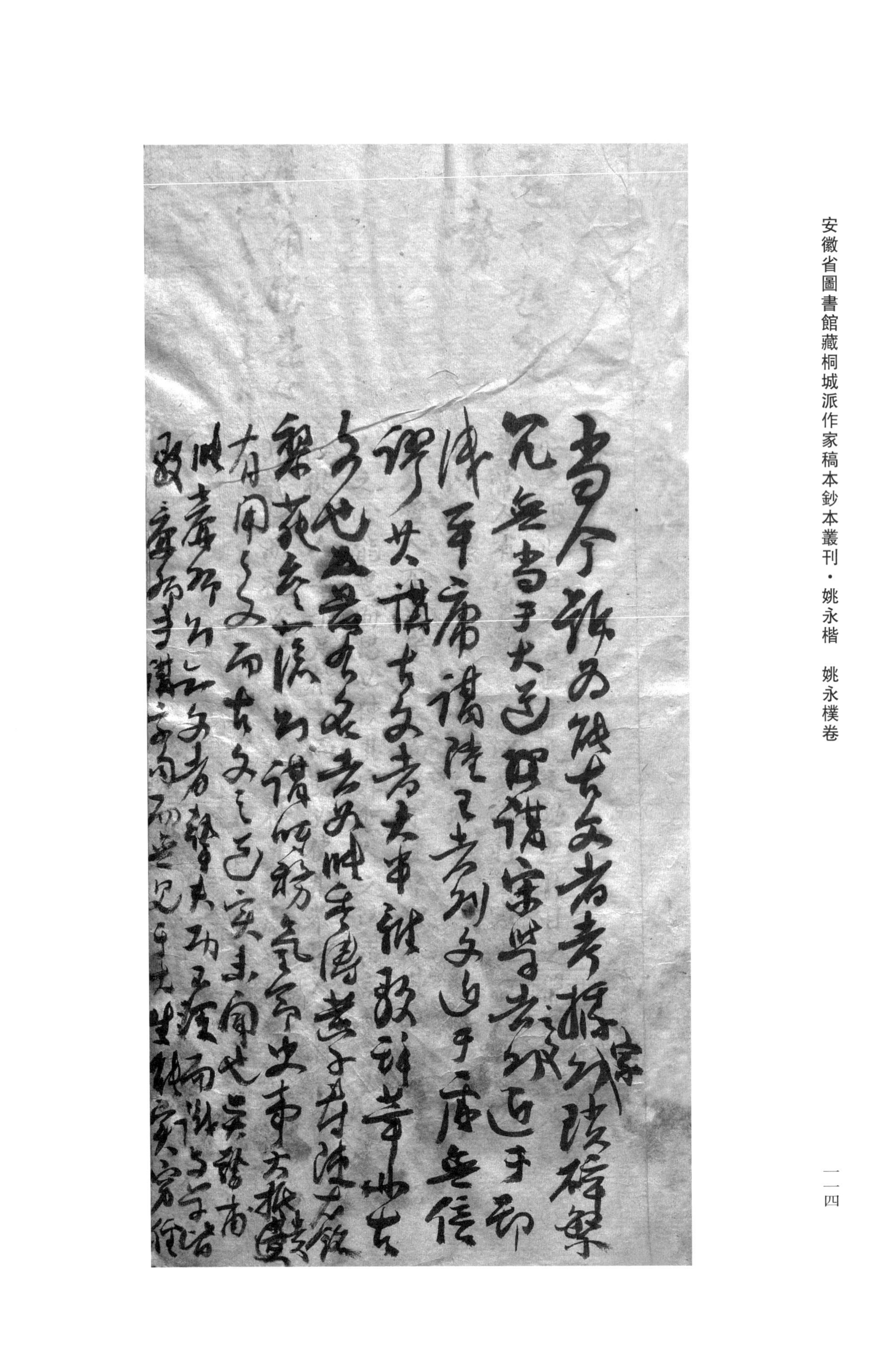

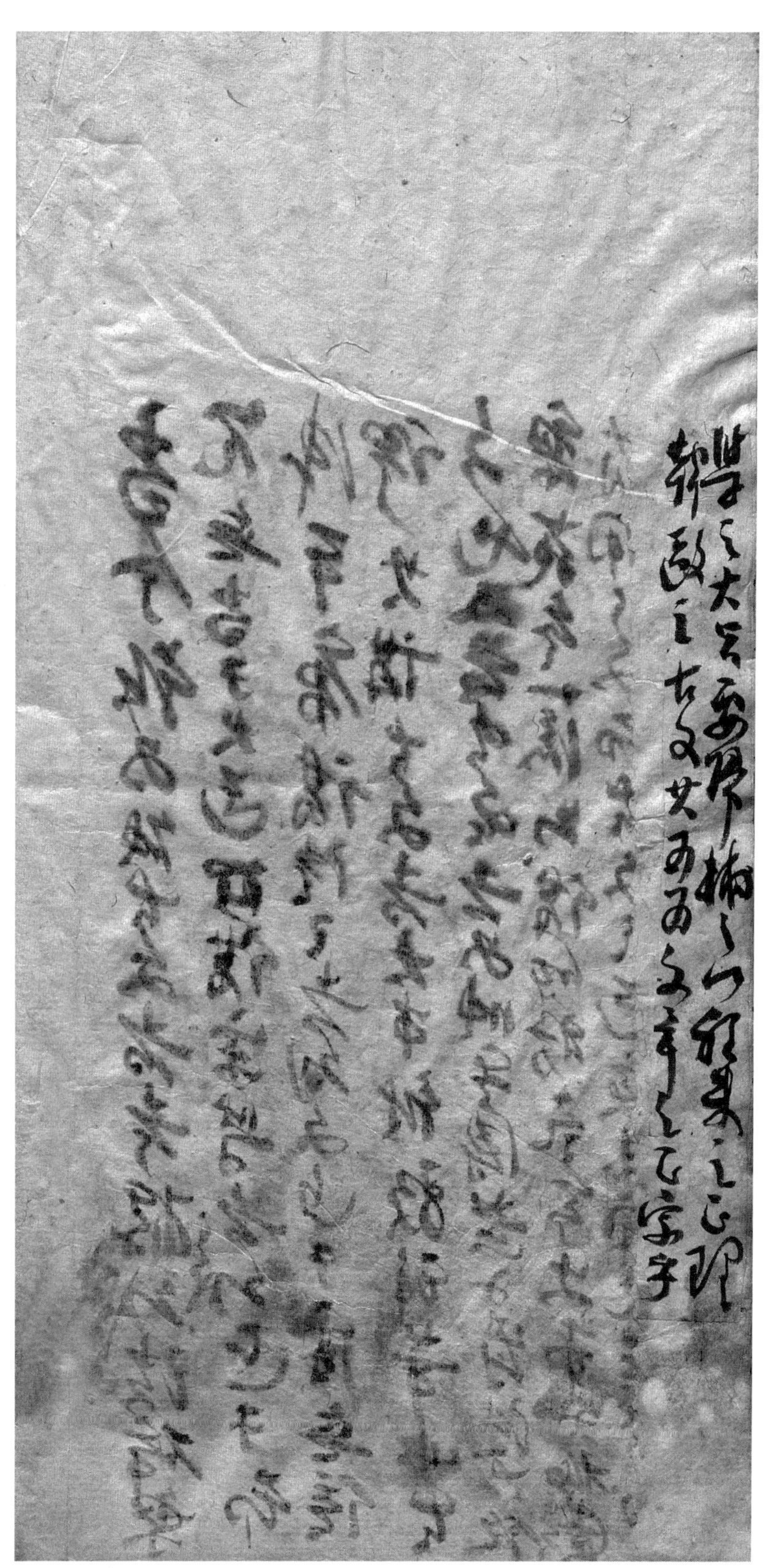

忽有起伏之勢

虛靜而聽是心之靈也故率性而不可以為性

原學

心之思也口之言也手足之動也耳目之視聽也聖人與常人有以異乎曰無以異也性之善也聖人與常人有以異乎曰無以異也聖人不異乎常人而終不同於常人常人不異乎聖人而終不逮乎聖人其故何歟聖人之心能思而思必使其睿聖人之口能言而言必使其從聖人之手足能動而動必使其恭聖人之目能視耳能聽而視必使其明聽必使其聰睿也從也恭也明與聰也是即所謂性也常人心之思與聖人同而不必其睿也口之言與聖人同而不必其從也手足之動與

接第壹元

聖人同而不必其恭也目之視耳之聽與聖人同而不必其明與聰也能睿能從能恭能明與聰是卽所謂循理也不然則所謂縱欲也嗚呼常人之所以不能自保其性者其以此乎日月之麗於天也雖婦人孺子亦知其爲明也飄然而風發溺然而雲興則日月之明亦有時蔽矣人性之知其善非性之本不善也察其私欲無鉅細而悉克之則性可復矣今語人以風雲之旣散而日月猶失其明有是理哉性者吾所固有者也欲者吾所本無者也天之所以與我者旣渾然而至善斯吾所以求保其善者亦不可有毫釐之闕焉學也者所以

然不可全說去
去人欲存去私
欲也

不知二字無
著落

其欲而復其性也非所喜而喜焉非所怒而怒焉非所
哀而哀焉非所樂而樂焉欲也當喜而或過於喜焉當
怒而或過於怒焉當哀而或過於哀焉當樂而或過於
樂焉亦欲也其爲辨也甚微故其去欲而復性也匪易孔子曰
好仁不好學其蔽也愚好知不好學其蔽也蕩好信不
好學其蔽也賊好直不好學其蔽也絞好勇不好學其
蔽也亂好剛不好學其蔽也狂夫仁知信直勇剛此六
者天地之美德盡人而知之也不若是則爲悖德亦盡
人而知之也仁而不知爲愚知而不知爲蕩信而不知
爲賊直而不知爲絞勇而不知爲亂剛而不知爲狂則

莫不之生
太常

不學之過也程朱惟見及此故其為教也先以居敬使
耳目百體皆式於儀則而無須臾之縱焉申以窮理使
念慮動作皆揆於道義而無纖悉之便其私焉是豈好
為繁苦而强天下後世以所難行哉不如此終不能踐
吾之形以復其性也自陽明王氏出病程朱之詳密乃
倡為一切簡易之説置事物之理而專用其力於心數
百年來聰明秀傑之士莫往往不舍程朱之學而靡然從之
然者其徒善學者可以蕩滌利欲之粗而不能盡精微
之理不善學者則恣睢放蕩終不免於無忌憚之歸此
楊園平湖諸儒所由痛發其失而不容已也嗟乎陽明

之意蓋溪病人之沈溺於欲而思有以救之其用心可謂切矣知欲之不可不去而不致力於學以窮其理則所見為已去之欲但顯然之尤悔而已若伏於隱微而使人以難察者其根株固猶在也今有困於荊棘之中者繪康莊以示之則彼自奮力以除荊棘不至於康莊固不止矣使但告之曰除爾荊棘即康莊也彼且不知若何而為康莊也吾恐荊棘之未盡除而即自以為康莊也

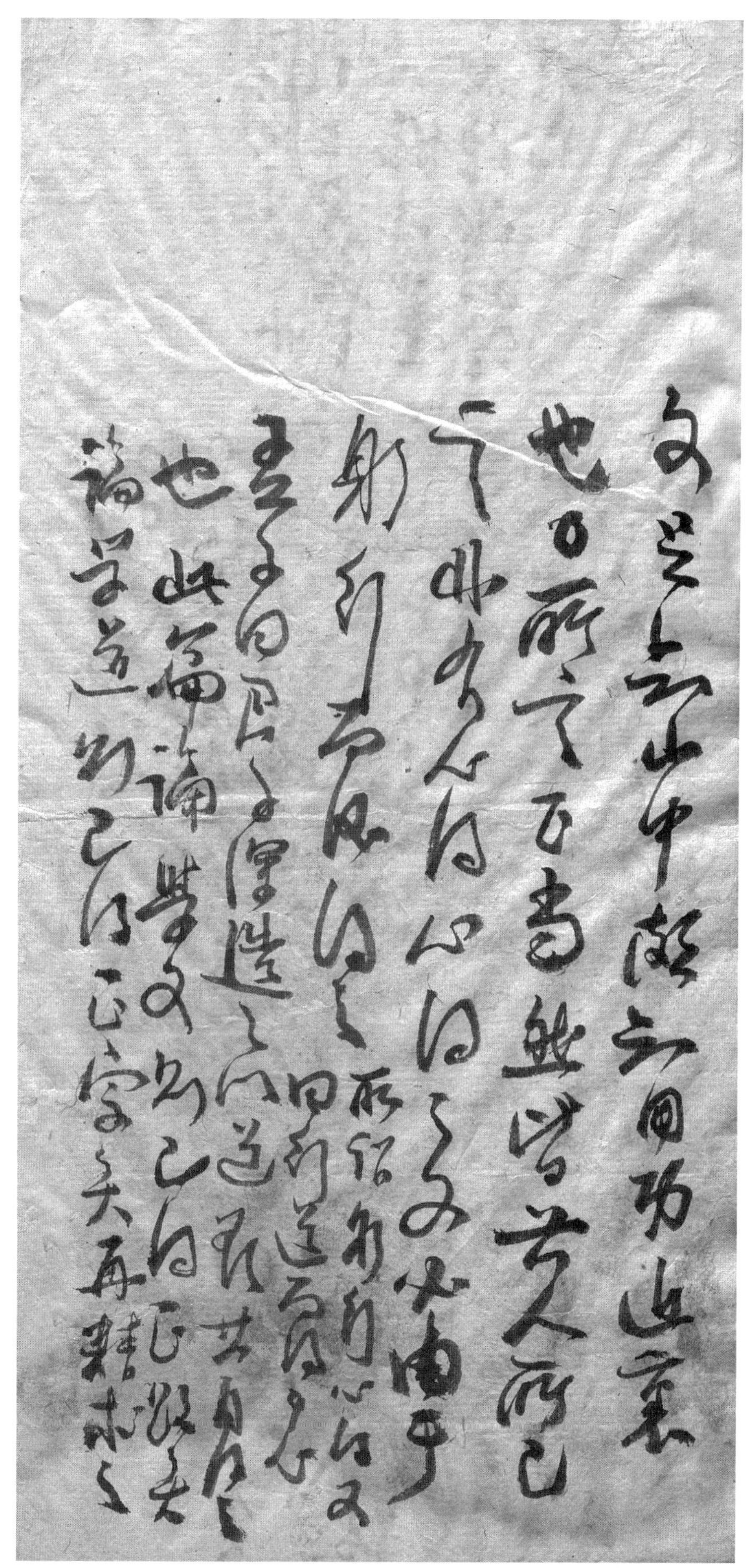

用才論

天下之事所以無人任之者非才之難有才而能用之之難也天下之人如此其衆也國家之養士如此其厚也而顧曰無才豈非昧於知人而輕天下之士哉金之混於沙人固不知其貴也有披其沙者而金出焉苗之雜於莠人固不知其美也有去其莠者而苗見焉人才之日少也無惑也躁進無恥之徒不退而欲有真才不亦難乎且夫今之公卿其延納才士者徒以其名耳士之奔走公卿之門者亦以其勢耳以名求則所取者浮華奔競之士矣以勢附則所進者讒諂承奉之辭矣而

一二才傑之人其言廓落不善阿諛其容偃蹇不工避趨其文曠浪恣肆多陳是非得失而無恣媚以為娛彼為公卿者習見夫闒茸之衆也宜乎厭其直而病其迂而此一二人苟義有不合則納履而去耳寍能鬱鬱以久居嗚呼人才之所以難得既得之而卒不果於用其以此也歟人才者天下之本也廉恥者人才之本也騁文章工辭説苟為大言便捷取進此其人以之取貨財富妻子則有餘耳欲其擔荷國家之艱怵之利害而死驚瀕之死亡而不貳豈所能哉故夫奇特非常之士其言語不必工也其文辭不必麗也人氣之躁而彼獨靜

人議之淺而彼獨深人議之浮而彼獨實人所不能言者彼必激烈以陳之人所不能蹈者彼必慷慨以赴之若是者其志之所存胸之所蓄固迥殊於衆人豈彼浮夸淺薄者所可同日語乎我朝二百餘年取士之途有科目焉有保舉焉有蔭襲焉有捐納焉亦不可謂隘矣然當危急之時人才每不足於用非其所以用之之道尚未盡得何以至此嗚呼重廉恥者未必皆能任事而能任事者未有不重廉恥也寡廉鮮恥者進則重廉恥退矣重廉恥者退則能任事者少矣彼處高明之地者不能用才而反謂無才坐使沈智忠實之士困躓沈淪

無以自效而所用者皆委蛇諧俗之人國事卒無與共濟可慨也夫可慨也夫

論人才以無恥為本確是切中時弊之論孔子云行己有恥而後繼以使於四方不辱君命顧亭林先生論學以行己有恥博學於文為宗范文正主持世教以敦尚名節砥礪廉隅為本是為萬世法也 謝徵

諫論上

或問於予曰今之有言責者其論人不已苛哉不殫心於國之大計而但毛舉細故以為名高朝論焉不得夕復糾焉此劾焉不遂彼復攻焉是何其喜事之甚也予應之曰是何言之謬歟今有以馬授人牧者懼其癯也更置一人以督之予以為其人視馬之肥瘠將告諸其主乎抑漠然不置於心乎今天下相徇以私久矣為大臣者不以求才為意惟舉媚己者以為賢二三小吏則伺大臣之喜怒而趨承焉以冀旦夕之遷擢五六十年以來風氣日壞巧者進拙者退諛者顯廉者黜人主孤立於上而耳目股肱之寄恒不得稱職而任之是以天下之俗靡靡至

此風到今不止五六十年

此而莫之或挽也今　天子仁聖初即位即詔求直言一時臺諫仰承聖意崇賢誅佞讜論宏開予方喜世運之將亨延頸舉踵以俟太平而子乃病之若是何哉且夫言官之職不必皆尊即其所言不必皆當然而歷代令君賢相必禮之容之甚且從而曲導之惟恐沮其敢言之氣者何也誠以天下之清議惟諫官得而主持之山有猛虎則百獸為之屏迹國有争臣則姦慝不敢生心其所以裨治於無形遏亂於將萌者誠非小故可比也今子以好名譏言者豈必閉口屏氣默不敢聲然後為不好名哉且吾稽其所言固天下之公論也其所劾者固公論所謂卑鄙貪污之人也是即其心不免好名然其言固不可廢矣

况未必好名耶子豈以言者不以君德為急而忘（妄）論人短長乎若此則子之惑益益矣諫官者上至天子下至百司其曲直是非無不可言者也豈第君德已乎且夫人君之德莫大於用人行政今告吾君曰某也賢某也否是即啟之以用人之要也又告吾君曰某也治某事善某也治某事否是即曉之以行政之法也其有補於君豈不大哉若但以泛陳君德為能以不傷於時為巧是固取貨財畜妻子者所優為也其所以為國家計者非予所能知也已

論正而文亦有氣

諫論下

或曰子之言則然矣然今之言者之論人也衆口一辭牢不可破若是者得毋有朋黨之憂乎予曰子毋以朋黨為憂也夫足為世憂者必子之言夫何則朋黨者人之所不能無者也黨於正則黨[正]於邪則邪其所爭惟在邪正耳歐陽子曰君子以同道為朋小人以同利為朋朋之名同而其所以為朋者其相懸奚啻霄壤哉在易坤之初六曰履霜堅冰至言小人雖微而可懼也泰之初九曰拔茅茹以其彙征吉言君子雖多而不壓[厭]也若不辨君子小人而概斥之為朋黨是則舜之八元八愷文武之四友十亂皆將絶迹於虞周之廷矣虞何由有於變之俗周何

由成永清之功乎且夫朋黨之名大都出於小人之口耳人臣樹黨於下則人君必孤立於上是故朋黨者人主之所甚惡也小人之害君子也蔽之以他罪既無以生人主之疑且一時之為君子者不可得而盡去也惟目之為朋黨則君子可以必去且可以盡去千古小人之妨賢病國其術莫巧於此其機亦莫險於此方今世道昌明幸無有以朋黨之說惑吾君者若乎復起而倡之吾恐恭顯之禍不獨見於漢童蔡之禍不僅出於宋也其為斯世之憂豈不甚大耶吾嘗論漢宋朋黨之禍其邪正猶易分也惟晚明之際論者皆謂以言致亂夫嬖倖之縱恣豈言者致之乎忠良之荼毒豈言者導之乎暴政作於上流寇起

於下豈言者使之乎門戶紛爭無補於國是皆其主不明不斷之咎耳然而二三君子忘軀犯顏前者戮辱而繼者踵至及矣乎國祚既移人心已去其平日廷爭者大抵陷胸斷脰覆宗湛族而不少悔言者果何負於人國哉今之言者遭逢盛世朝廷清明誠非晚明之比然蘇軾有言養猫所以防鼠不可以無鼠而養不捕之猫畜狗所以防姦不可以無姦而畜不吠之狗平居尚以直言為諱而欲其臨難効節豈可得乎嗟乎君子之事君惟求有益於國而已忠於君者則比之所謂見賢者事之如孝子之養父母也蠹於國者則疾之所謂見之不仁者誅之如鷹鸇之逐鳥雀也子鰓鰓焉以朋黨為慮豈知賢者之用心哉

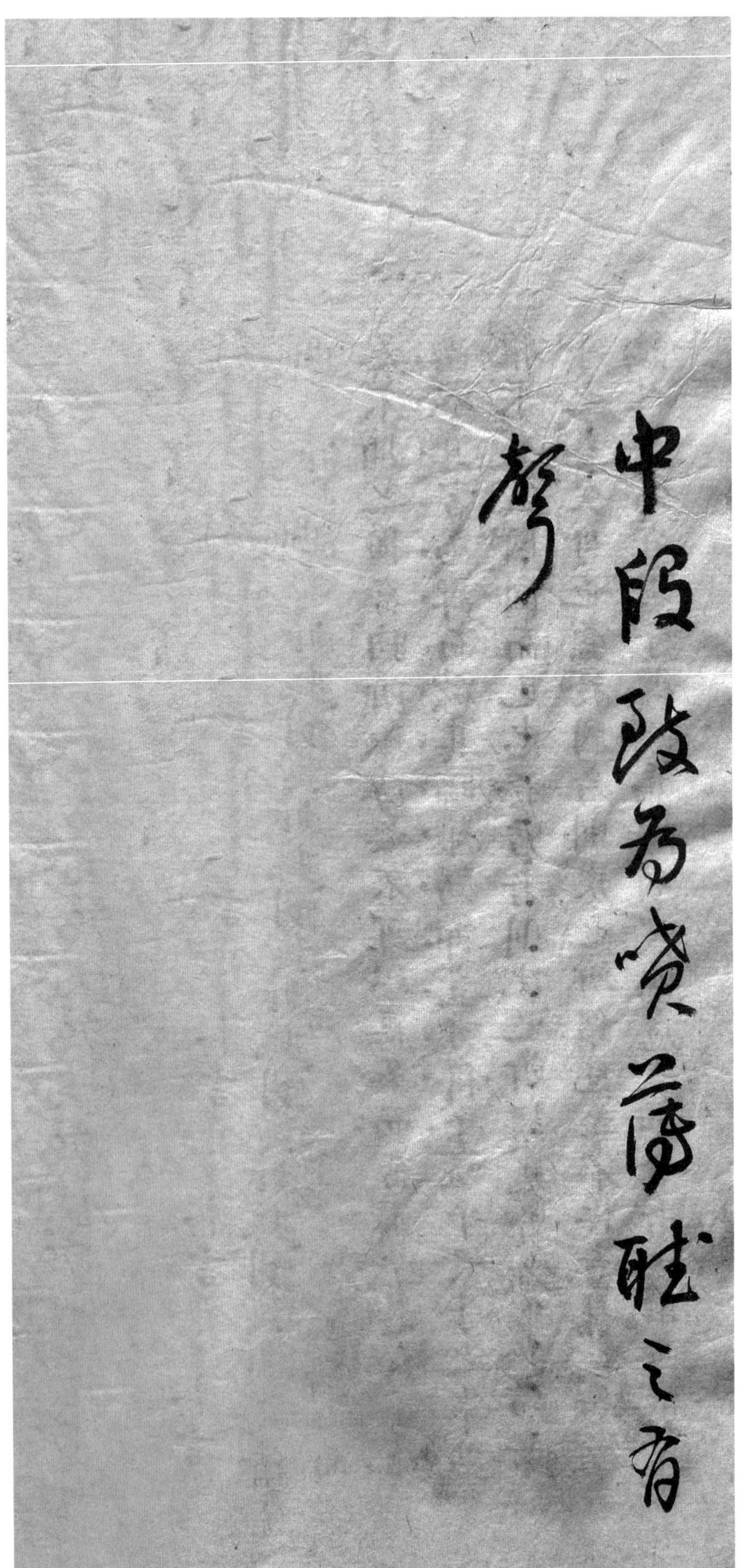
中段改為噴薄酣之有聲

二

解蔽上 丁亥

不以事之是非曲直而傷吾恩者待兄弟之道也故詩之詠兄弟曰兄及弟矣式相好矣毋相猶矣若夫夫婦則必責事之是而毋匿其非必求事之直而不容其曲何則夫婦以義合以情接者也以義合故其望之也不得不深以情接故其防之也不得不嚴詩人當取妻之初即詠之曰辰彼碩女令德來教其望之深防之嚴如此及其既取而不當於舅姑不宜於家人則逐而去之由此觀之古人於兄弟夫婦其親疏厚薄豈不較然甚明哉今之人則不然其於兄弟也必計事之孰是焉孰非焉孰直焉孰曲焉至夫婦則惟見其相好無復有相猶者是則今人

之待夫婦乃古人所以待兄弟者也今人之待兄弟乃古人所以待夫婦者也嗟乎婦人之性能知大義者鮮矣其始也以異姓而相聚不免各挾其私心相嫉相忮而娣姒之釁成矣其繼也欲其私之不遂各蠱其夫以自助焉於是兄弟之釁又成矣古人知其然也故於兄弟則寬以待之於妻則嚴以懲之非故虐其妻也必如是而後可以全兄弟之恩且可以正夫婦之倫耳今之人以情欲之故而愛其妻無惑乎惟見妻之是而不見其非惟知妻之直而不知其曲也今試使妻訴兄弟之過今人聞之必曰是信然也古之人則疑矣不然必責其妻曰爾何不以吾故而怨吾兄弟也又試使兄弟訴妻之過古人聞之必曰

是信然也今之人則疑矣不然必責兄弟曰爾何不以吾故而怒吾妻也嗟乎情欲熾於中而用情之悖遂至於此不亦大可畏歟昔詩之詠文王也曰刑于寡妻至于兄弟以御于家邦夫古之人欲正其家未有不先正其妻者也欲正其妻未有不先正其身者也昔者牛宏自外歸妻訴弟殺駕車牛宏無所怪問直答曰作脯坐定妻又言宏答曰已知顏色自若讀書不輟此近於能正其妻者矣昔者繆彤見諸婦求分異乃掩戶自撾曰繆彤汝修身謹行學聖賢之法將以整齊風俗奈何不能正其家乎此近於能正其身者矣嗟乎今之人縱不能以文王為法使先效繆彤之自責繼師牛宏之拒妻則庶乎兄弟夫婦之間

可以不悖所施也

議論警闢發前人所未嘗發文氣亦馳驟自如銳不可當此與下篇皆有關風教為集中最勝之文　馬通伯

由其內足故氣昌而詞亦茂矣而鄙意乃尤覺此文舂容盡意賢於下篇　范肯堂

三

解蔽下

或曰子之言待兄弟宜寬待妻宜嚴是誠然矣若夫待兄弟之妻其亦有道乎曰有之禮曰嫂叔不通問蓋古人於男女之際必杜漸防微故嫂叔之生也不通問而其死也無服所謂推而遠之也然觀内則曰由命士以上父子皆異宮儀禮喪服傳亦謂古者有東宮有西宮有南宮有北宮異宮而同財是則古之人苟非閭閻小民其父子兄弟所居視今相隔為遠蓋嫂叔之間固不必日相見也若今之人取妻後特兄弟異室耳其於兄弟之妻勢不能不覿之於旦暮也而其情遂視古為親焉故後王因本人情以為之制服雖然其情易親而其隙亦遂易起何

則旦暮相聚米鹽之間言語之際娣姒之乖爭僕妾之譖訴幾無往不可以啓釁者今之人偶與兄弟之妻忤輒忿然曰吾友於兄弟可也若兄弟之妻固不能不宿怨焉嗟乎斯言也必非友於兄弟者之言也夫人之情孰不私其妻者吾欲友於兄弟而不能容其妻能保其不浸漬於吾兄弟之側乎即使兄弟不爲所惑而吾不能推兄弟之愛以及之則所爲愛兄弟者其必不篤可知也是尚能望家之正耶然則如之何而可曰欲吾之妻不惑吾在正身以率之欲吾兄弟之妻不惑吾兄弟在厚恩以結之今之人於己之妻則曲護之於兄弟之妻則苛責之其率也使異姓之人群起奪吾同父之愛拱手熟視而無可如何

是皆惟欲是狥不審夫情與理之所致也可慨也夫可慨也夫

「非篤於倫理人不能爲此言敬佩敬佩馬通伯」

「當世作者嘗爲文以謂君臣父子夫婦兄弟四者皆尊卑灼然惟朋友乃得言交耳今之世兄弟之分不嚴是以家無恒統無以重兄之責而懾弟之心故父沒而分者什九矣此雖尋常之論而頗足與盛意相維故附陳焉范肯堂」

莊子文奇而道未甚異申韓非老氏枝流陸王別於禪釋未爲異端非於孔孟爲異端也

息爭

天下之爲學者莫不知宗聖人之道也叩以異端莫不知排之也今試有詰之者曰若所排者非異端彼必將曰是皆滅禮義棄綱常悖乎聖人之道尚得爲非異端乎嗟乎若楊墨若老莊若申韓若釋氏及陸王之學謂之異端誰曰不宜然是數子者固皆負有大過人之才而又習見夫世之人縱欲敗度沈溺迷惑而不知返慨然思有以救之乃其爲說或偏頗焉或矯激焉特不能若聖人之純乎中正耳於是衛道君子遂深惡而痛絶之擯之如蝮蛇攻之如猛獸而天下之人亦以爲是不可不闢也皆奮其力以助之攻嗚呼豈不以數子者之說其流弊果足

此等似亦不足深責

以滅禮義棄綱常而吾之為學實無忝於倫理而克踐聖人之言也歟雖世世之以衛道自鳴者吾知之矣所讀者孔孟之書也所述者程朱之語也就而考之役志於利祿者有之縈心於聲氣者有之以利祿聲色而撼於君臣父子兄弟之間者有之夫何為而致此哉利祿不足役其志聲色不足縈其心彼數子者固皆能之其為教雖各不同要皆宗無欲而以有欲為恥今蹈其所恥而反襲正論以譏之是尚能服數子之心耶同乎聖人者正學也異乎聖人者異端也吾所以排數子者以其說稍異於聖人耳假聖人之言以竊名干利而謂與聖人同可乎今夫藥之猛者足以殺人然苟用其長於人亦有濟焉人賴之以

陸豈能過於陸王其議陸王以之稍遜楊園則不足言矣此等儒生時時有也

生而不可一日離者五穀也置毒於其中而舉以食人則食之者必不旋踵而死彼數子之長雖聖人不能廢亦猶夫藥之猛者耳以聖人之言欺世使天下從而效之是直以五穀毒人也其為害可勝道哉然則異端不當闢乎曰非不當闢也楊墨盛於周末故孟子闢之佛老盛於魏晉齊梁以迄於宋故韓子程子朱子闢之陸王之學盛於明季故楊園張子平湖陸子闢之其言既出而人莫不服焉何則其修於身者固足以取信於天下也德盛而理充言切而道著彼所以汲汲焉者蓋誠有不得已者耳豈欲藉之以為己名乎後之君子無諸子之德又不當邪說正熾之時而所以闢之者則較諸子為尤甚不知自踐乎

道而惟以異端之害道爲憂亦已過矣夫

議甚一允積槿有争氣

不足以息争

魯莊公論

魯莊公九年齊雍廩殺無知公伐齊納子糾桓公自莒先入敗我師於乾時鮑叔帥師來請管仲公歸之嗟乎魯之失計未有甚於此者也夫以人才資敵是猶假寇兵而齎盜糧也古之為君者必先網羅天下之俊傑使敵之才皆為吾用則有之矣復從而助之吾未見其可也彼管仲者天下才也莊公旣幸得之則宜思所以任用之者不知其才是不智知其才而不能用是不勇夫莊公非不知也特畏齊之强而以仲委之耳以仲委之齊不且愈强乎且吾觀莊公十年敗齊師於長勺十一

年敗宋師於乘邱魯固非不能得志於齊者使當鮑叔叔之請留仲不與舉於羈旅之中而置諸卿相之位授以國政信用其謀使臧孫達曹劌之徒皆為仲佐齊雖有鮑叔實須無亦未必能效其用吾見魯且先齊而霸也楚析公巫臣苗賁皇奔晉晉人用之卒以敗楚伍員奔吳吳王任之遂破楚入郢而吳始大夫得人者興失人者敗自古而然莊公乃以一敗之故棄干城之將卒至於微弱而莫可拯何其愚也且公即不思强魯獨不思先君之仇乎方桓公之卒也齊雖殺彭生以謝莊公固不能與共戴天也苟公能任仲不疑責以復仇之義

並力東向齊必且無以待魯今乃不聽施伯之言甘服於齊置先君之仇而不顧莊公之心抑何忍哉昔晉當王謝東政勵志中興而不能任王猛遂為符堅所得宋當韓范當國賢髦畢登而不能任張元吳昊卒為西夏所用其以人才資敵與莊公事頗相類嗚呼彼敵之所用者苟羅而致之皆吾材也不能用敵之材而反輸吾材以委敵則其為國家患必有不旋踵者矣莊公固不足道後之用人者其亦知所鑒哉

議論甚新且允讀古書之能見者所得多以人才資敵每是用人者之大病然論莊公不然莊公庸人也管子之才惟鮑叔知之莊公

任責無可才而舍之夫用才必先無才藉口者無人之用何能用才且考之於一國之李何害有興霸之志而能用管仲可以先而霸抑無桓公之能用管仲之人亦又能用管仲必能復興之夫桓公之業矣復興之之人多有其不同管仲也王導之謝乘所不能用王猛之猛北人於從一次並集事久之晚謝王謝乘以在江南王猛在苻秦之猛也從不足用之而投苻秦其不可深議王謝也此元吳昊求仕而不得乃入西夏此韓范不用時繳用不著也無人如先論世須加考之誠然

禮論

昔者生民之初，其所衣不知有布帛也，其所食不知有菽粟也，其所居不知有室廬也。倮游而露處，蒻并而强存，其與禽獸夷狄也固無以異也。聖人憂焉，教之組織而民始有以為衣，詔之樹藝而民始有以為食，導之塗築而民始有以為居。嗚呼，聖人愛民之心其亦切矣。民狃於有所衣有所食有所居也，固不若嚮者憂死之不給也，者欲繁而心志廣，居處便而詐偽生，聖人又憂焉。於是循乎天理之節文而制為禮以齊之。因其成乎人也而為之冠焉，因其有男女也而為之嫁娶焉，因其有父子兄弟也而為之喪祭焉因其有君臣朋友也而為之朝聘燕享焉其為制之詳如此衣以冠帶而冠帶之尊卑有等食以豆籩而豆籩之多寡有數其升降也有揖讓而揖讓之進退有節其選舉也有學校而學校之黜陟有灋其治民也有官職而官職之貴賤有級其為具之備又如此聖人非不知嬉嬉然以居于于然以遊之為便且安也將必舉天下之人無智愚賢不肖而束縛之整齊之使不可有一息馳驟者俗儒以為繁文末節而不知聖人之所以防民情正民性者其權固在於此也何則忠信者禮之質也其見乎四肢驗於事物燦然

秩然而明且備者禮之文也文與質雖若有輕重之殊然聖人必兢兢焉不敢偏重者蓋欲維持乎質固舍文無由也今試有暴慢者於此與之登乎廟堂之上見所謂拜起坐立者則其心必肅然而敬矣又試有殘忍者於此與之臨乎死喪之頃見所謂擗踊哭泣者則其心必怛然而哀矣夫其肅然敬怛然哀者何也則以禮固吾心所本有也聖人知禮爲心所本有而使之拜起坐立焉擗踊哭泣焉是皆因天理之自然以爲之節文而非人力所能强設也此其所以一道德同風俗至於數千百年而不遷歟老氏之言曰禮者忠信之薄而亂之

首是蓋鑒乎末流文勝之弊，而不知禮與忠信非二物也。文之勝質也，非聖人之意也；知其非聖人之意也，而舉相意以示之，斯言約而理明矣。不出乎此，乃并禮而譏之，是猶懲輪轅之折，而欲棄車；懼帆檣之傾，而欲毀舟也，豈不甚謬哉！嗚呼，禮也者，聖人所恃以紀綱人道，而約天下之情歸於中焉者也。冠禮廢而成人之道亡矣；嫁娶之禮廢而男女之別亂矣；喪祭之禮廢而父子兄弟之恩薄矣；朝聘燕享之禮廢而君臣朋友之義衰矣；冠帶無等，豆籩無數，揖讓無節，而爭鬭之獄繁矣；學校之黜陟無濫，官職之貴賤無級，而勸懲之方失等威之辨淆矣故曰敗國喪家亡人必先去其禮禮不去而風俗敝國家亡者未之有也禮去而風俗不敝國家不亡者亦未之有也水之未生也固可以無隄防也老氏生乎周末民之桀傲難制久矣當此之時雖舉先王之禮而益修明之吾猶慮無以勝其詐僞也況乃歸咎於禮而徒號於衆曰曷不爲太古之無事是猶決波之逆瀾而欲自徹其隄防也吾見其以天下爲壑而已可慨也夫

辭而辟不及先生辭之

雖悍而簡實過之○
此題于汲陰孔論以為
老蘇文之云且殺之也

易論

聖人之始作禮也，固順乎理之自然而為之節文，非以人力為也。惟非以人力為而順乎理之自然，故天下之人無智愚、無衆寡、無遐邇，以一聖人治之，而恢恢然猶覺其有餘。雖然，百人從之，一人犯之，民見犯之者之果得所欲也，則守禮之心怠矣。守禮之心怠，而聖人之權於是乎窮。聖人曰：吾固知禮之僅能範天下之中人也。彼窮凶極惡者之不化於禮也，蓋懼禮之損其利，益其害耳。彼欲利，吾即詔以利之可趨；彼防害，吾即示以害之可避。雖有强梗之人，焉能不率吾之教矣。人之為善也非以利也知以利將不利而遂不為善也是聖人沮天下之為善也人之不為不善也非以害也知以害將不害而遂為不善也是聖人驅天下之為不善也聖人曰吾之所謂趨避豈若此哉夫彼尚知利其利害其害也是心之明也因其明而誘之使入於善譬之於射善知而利害則吾之發機也吾觀於天地萬物之理而作易循乎此者則為吉不然則為悔焉為吝焉為凶焉虛設其辭於此以待彼之自叩自叩之而自得之然後知善之果可為不善之果不可為也吾之言也不勞而彼之入也甚易嗚呼聖人教民之心其亦切矣哉吾嘗觀

天下有治焉有亂焉有興焉有亡焉其所值之世不一又嘗觀天下之人有亨焉有塞焉有安焉有危焉其所遭之遇亦不一有始治而終亂焉有始亂而終治焉有已興而忽亡焉有已亡而忽興焉其世之變也不一有先亨而後塞焉有先塞而後亨焉有既安而復危焉有既危而復安焉其遇之變也亦不一然其治也興也莫不以值之之人知所戒懼而然也其亂也亡也莫不以不知所戒懼而然也其亨也安也莫不以遭之之人知所戒懼而然也其塞也危也莫不以不知所戒懼而然也聖人之寓教於經也固以動天下之懼心也懼則善

心生善心生則所為必當理而不敢恣於惡當理而不恣於惡此所以順乎人而祐於天也匪是則作不順施不恕而禍機伏焉聖人之所謂吉凶悔吝者如是而已否之言儉德辟難也明夷之言用晦而明也蹇之言反身修德也困之言致命遂志也震之言恐懼修省也皆懼辭也此言乎時遇之窮者也大有之言遏惡揚善順天休命也大壯之言非禮弗履也晉之言自昭明德也萃之言戒不虞也既濟之言思患豫防也亦皆懼辭也此言乎時遇之通者也窮與通而皆必懼焉嗚呼聖人教民之心其亦切矣哉夫東之於外者禮也其行之也

繁故持之也易息動之於內者易也其探之也邃故入
之也彌深是故易者聖人所以神天下之耳目定天下
之心志而繼乎禮之窮也

題子明之後易論
老蘇論以易爲聖人之權言
語極其高深使人不敢
非聖人之意其論禮乎
乎人此之所驗矣然試

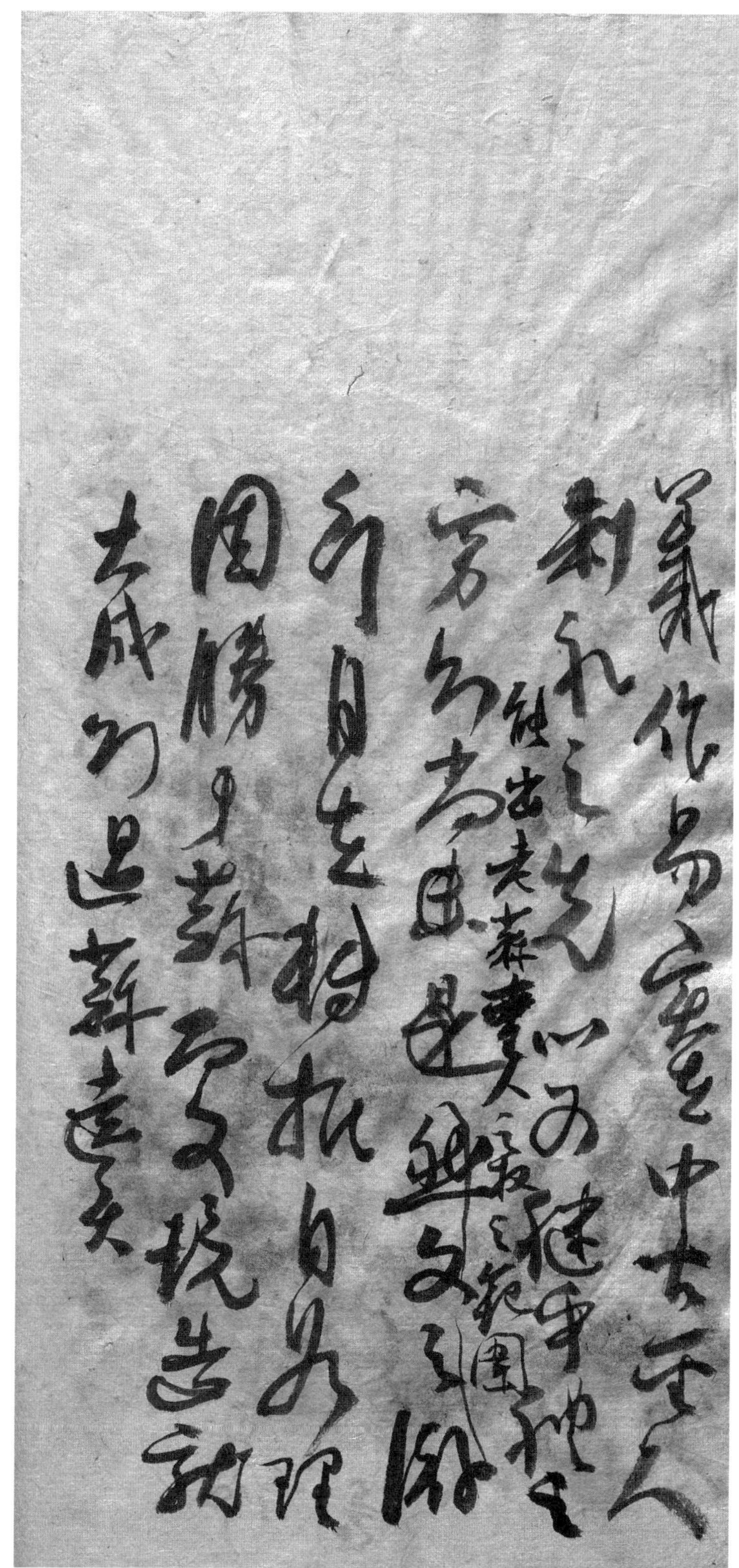

比卦說

程傳釋原筮為推原占決本義則訓為再讀如原蠶原廟原田之原予謂人之相比非慎於始必不能保其終原之為言始也夫人當比之始必筮有元永貞之德者然後比之而无咎蓋既有元永貞之德則不甯者胥來歸之而已獨後焉其凶也宜矣初之有終合原筮之義者也故彖曰无咎而初亦曰无咎上之无首有後夫之象者也故彖曰凶而上亦曰凶比之為卦以一陽而為衆陰之主所謂元永貞者惟五足以當之書曰一人元良萬邦以貞五蓋有其德焉夫比之道莫先於信莫貴於正尤莫大於公初之申言有孚信也二與四皆以貞而獲吉五則有公

天下之量者也聖人教人親比之道於諸爻盡之矣然則四之辭曰外比之二則曰比之自内何也蓋四近君位以陰就陽義之當合者也二居下體以應於上苟其比不由於内則是枉道以徇外也此四之象所以但言從上而二則自明其不失也歟

鄙論原筮元永貞以爲筮卦之義例　元謂乾元永貞者筮占之辭古人有所謂祈永貞者貞之古訓卜矣内外傳有以本卦爲貞變卦爲悔然則永貞者不變之謂也所筮得乾其筮而五爻皆變惟九五一爻仍屬乾元之不變者此之謂原筮元永貞矣後儒推乾元之元已不得其解又不明永貞之訓故往往望文生訓此説足與大論相發不

大有卦說

大有離居乾上以一陰而有五陽其明足以無所不照其誠足以無所不孚是蓋尚賢崇德天下極盛之時也初之爻辭曰无交害匪咎艱則無咎蓋其時遏惡揚善朝廷清明為人君者鮮不自以為已治已安矣聖人獨於六爻之始即首以艱則无咎惕之而五之辭既曰厥孚交如復繼之曰威如吉誠以人君之於賢匪徒尊之已也必有嚴恭寅畏之心而後尚賢之意乃固故象申之曰威如之吉易而无備也言苟狃於盛而有輕易之心則其於天下之亂必無以備之矣初當无交之時固已存艱危之心五當交孚之後猶不敢有輕易之念其嚴恭寅畏不敢

姬傳先生論定此古文書藝以文詞讀之輒事姬傳子孫又將從予於古文並宜移行此等佳篇

荒甯既如此故聖人於卦之終也乃直斷之曰自天祐之吉无不利其示人以順天休命之道不已深切著明也哉嗚呼易之諸卦其時最盛者惟泰與大有耳大有初九以艱而无咎泰九三之无咎其辭亦曰艱貞焉書曰后克艱厥后臣克艱厥臣又曰思其艱以圖其易民乃甯夫人君而欲致治保邦則艱危之心誠不可一日無也夫

无交害匪咎五字爲一句言凡有交害者皆足爲咎故以艱則无咎惕之大有之所理大物情交害者多聖人戒之与泰九三正同執予竊見此悟其於易道得其深矣獨以无交斷句治用舊說鄙心未穩未安故附著牘見以備一說丕易而无備見盛世之吉非崇尚獎屬之詞似以舊說爲當

謙卦説

予讀序卦至飲食必有訟訟必以衆起而歎天下之禍未有不起於爭而天下之爭亦未有不原於利者也何則己利爭名則天下之好名者爭矣己利爭利則天下之好利者爭矣惟謙則於人也周而於己也約其為卦正與訟相反故訟之彖曰終凶謙於三則曰終吉訟之彖曰不利涉大川謙於初則曰利涉大川君子合觀二卦不可見爭之足以招禍謙之可以獲福哉且夫易之諸卦惟訟謙之三與乾坤之三同辭訟之三曰厲謙之三曰君子皆乾三之辭也訟之三曰或從王事无成謙之三曰有終皆坤三之辭也夫三者危地故乾坤為諸卦之首而於是

郭論常以為謙與老子柔弱不同亦非鄉愿同流合汙之比故謙之極而可以行師

文雖有美占。終不能不有戒辭。然於謙則取辭之為美者稱之。於訟則取其為戒者著之。聖人欲人之讓而不欲爭。於此益可見矣。謙之六爻雖無不吉與利者然三以一陽居上下之際者有勞而謙尤為人情所難故其辭獨與彖合傳所謂尊而光卑而不可踰者。惟三足以當之。五以柔履尊尚有不服待征之人三則以所處者下自忘乎剛而象直言萬民服焉然則任事賢勞者欲人之不爭能其惟不矜乎欲人之不爭功其惟不伐乎雖然所謂不矜伐者又非可矯飾於外而已也夫人之謙與驕其發於外未有不根之於心者苟內之自視不能欲然而欲其外之謙難矣此謙之鳴象所以曰志未得豫之鳴象所以曰志窮凶也

訂之六三仍坤六三之未發者也故曰含章法而
或從王事无成則仍以坤三之詞繫之蓋
於乾三無與未可以履之一字牽合之也謙之
九三成卦之主亦乾九三之未發者勞謙之謂
本乎乾乾夕惕其云君子即乾三之君子也此二卦似
宜參履乾坤而不必以有終二字牽合坤文
又前儒說易文輒以經言推之經詞不能
盡合鄙意宜盡時言之如既濟九三高宗伐

鬼方乾鑿度之是文如殷高宗之时治

趣將犯而自高宗中興此可謂善言易

矣因 芳論三爲危地五爲履苟附第一錄

增益以成就則不止於吝矣虞氏說裕為不能争者殆是也

蠱卦說

蠱之六四曰裕父之蠱往見吝傳義皆謂以陰居陰故不能治
蠱其説既允矣然訓裕為寬則必增字解之義始能明使去所
增之文而但曰寬父之蠱不幾於難通乎予者說文裕衣物饒
也王篇饒益也蓋幹之義因救而使之治裕之義則增益以成
其亂蠱六爻獨四言裕者當損壞之時幹之之道與其失於柔
無寧失於剛故三雖過剛而有悔然尚可以无咎焉若四之才
柔懦已甚苟事既敝而使幹之惟有益其蠱耳此所以其占曰
吝而象又以往未得釋之也歟然則上不言蠱何也蓋以剛居
外賢而失位固無與於治蠱之任也惟以高尚為事而已嗚呼

無時文之家得易旨

泰之為卦合二體觀之固陽下陰上也隨則分觀之而為卦也亦然是二卦者固皆有陰陽相交之象也惟其相交然後可以吉亨无咎亦惟其內君子外小人與剛來下柔而尚賢然後可以相交若否之不利君子貞蠱之使賢者居無位之地而徒高不事之節卦象與時正與泰隨相反其上下隔絕萬事隳壞雖曰天運豈非人事哉夫時之治亂國之興衰固不可以一端盡也然觀於四卦亦可以得其要領矣夫

說經能觀其通文亦開拓有勢

剝卦說

姤彖曰柔遇剛而剝則曰柔變剛者何也蓋小人之於君子其始也羣陽方盛則伏於其側而惟求有以附之及其已附則又將睥睨焉以肆其邪謀傾軋觝排無所不至推其心非盡去君子而植其私人不止姤者陰始生之卦也始生而曰遇言不待期而自至也剝者陰極盛之卦也極盛而曰變言其所由來者漸非一朝一夕之故也嗚呼家之乖由於婦人國之亡由於宦官宮妾彼所以惑其君與夫者豈有他術哉不謹於其遇必致於為所變耳剝之初二兩爻取象於牀者正以衽席之間晏安之際其為端甚微而為禍亦甚烈也使為國家者不悟以至於

不待期而自至則當言剝遇柔矣似非彖遇剝之義也

說牀義亦似牽合牀廬似皆取剝之卦象一陽覆于上而背陰而下之與屋也

剝膚則切近災矣惟五率類從上受制於陽故象言不利而是
文之占乃獨曰无不利焉夫易者所以為君子謀者也。然戒小
人之意。亦未嘗不在於其中。五以宮人寵而象釋之曰終无尤
上言小人之剝廬而象則曰終不可用然則小人之害君子尚
亦思其所終哉尚亦思其所終哉

上九之辭蓋言君子得此爻則爲得輿之象群陰
承于下有類于輿也小人得此爻則爲剝廬之象
一陽上據而將落也象言終不可用言小人不得用
此爻即左氏說黃裳元吉之義也

家人卦說

予讀家人而歎聖人教人齊家之道何若斯之詳且密也夫家之始惟父子兄弟而已及其後乃有夫婦夫婦者以義合焉者也義合者雖亦順乎天理之自然然本疏者而援之以為親斯固不免於人為焉以人為者參乎天合者之中宜其睽之易而合之難也此家之乖所由恒起於婦人也歟彖曰利女貞傳亦首以女正位乎內為言蓋明乎正家之莫急於女德也夫妻孥情愛之間雖有傑出之材尚不能不以私愛失其正理況常人乎欲求所以自克非至剛固莫能焉九三於內卦之末著嘻嘻之終吝上九於外卦之末明威如之終吉正以此也但所謂威

者非徒以言教之謂蓋其本由於自修故象曰君子以言有物而行有恒而其言威如也又以反身明之以終斯卦之義詞益切旨益精矣雖然悅親有道反身不誠則不悅於親是故威如必以有孚為要夫誠者物之終始人於家庭骨肉之地尚不能以誠相與而有猜忌之心則其於人也何所往而足恃乎此家人之上所以孚而吉睽之上所以疑而孤也

此文足徵性行非經生所能而亦非徒習文士者所可襲取也

復卦說

予讀易而知君子之學所以反於身者為至密也復之初曰不遠復而象以修身釋之此猶言乎陽氣方微之時耳若由此一畫之陽積而為臨以至於泰可謂盛矣然泰之上也。亦必曰勿用師自邑告命焉。更由泰而為壯以至於夬其盛可謂極矣然夬之彖也。亦必曰告自邑不利即戎焉。夫曰告邑者即復之初所謂不遠復也言當近求諸身也。曰勿用師不利即戎者即復之上所謂用行師終有大敗也言不當苛責乎人也。聖人教人以始終反己之道在此。此所由自強不息而卒成其剛健之體也歟。且夫君子之省其身而必若斯之不紛者何哉蓋人之性

此理已陳在宋賢初
而此說則而卑淺後
人屢衍之則近腐矣

雖無不善然其生也拘乎氣禀固已不能如其初矣况又有習
與欲以累之故其為善也恒難而為惡也恒易聖人知其然也。
於復之初一陽方生之際而即曰元吉。所以見善之當充也。於
姤之初一陰始伏之際。而即曰見凶。所以明惡之已兆也。夫善
不積不足以成名惡不積不足以滅身今有人焉以惡小而為
之以善小而不為則其終也。不陷於滔天之姦不止矣。然則學
者欲自治其身尚反求諸己而兢兢於善惡之初可也

闡發似新義

借為胙而以大建社稷釋之尚嫌增字成義

益卦說

益之初爻曰利用為大作予考胙為作之古文韻會建置社稷為胙故左傳有胙土命氏之文又曰世胙大師以表東海所謂大作者特言利用之以大建其社稷耳夫益有風雷之象雷取其疾風取其行以之修身則必遷善改過以之治國則必濟大難以圖大功此彖所以言利有攸往利涉大川而繫辭所以言益以興利也初與四本相應而在益又以損四益初為義兩爻乃卦所有由以成者。四曰利用遷國初曰利用大作蓋遷國置社乃興利中之極大者即損上益下之極大者聖人於兩主爻言之以為二者之吉占又以見天下事必動然後獲益。而不可以失時也。彼優柔寡斷者何足以知此乎盤庚之遷也曰用降我凶德嘉績於朕邦禹之治水也。其書曰禹錫元圭告厥成功是二君者。固皆處乎震蕩播越之時而能犯難以奠民生者也。而六三之辭實類焉君子觀此三爻其於益之道思過半矣雖然五之元吉也。以有孚也。上之凶也。以勿恒也。然則欲為國家興利者。尚求所以孚乎民而毋致始勤終輟也哉。

此篇亦甚發明

萃卦說

嗚呼天下之民至衆也王者欲以一身萃之而不使其至於渙此豈不恃乎天命哉夫天命云者勢不能諄諄然命之也惟驗之於神人之間則可知矣彖曰王假有廟用大牲吉所謂使之主祭而百神享之也其曰利見大人亨利貞利有攸往所謂使之主事而事治百姓安之也夫其所以感格於神人之間者既能盡其誠敬如此然後有以聚天下之衆歸之於一而不使有怨畔離散之心致萃之道莫大乎是傳釋卦辭而終之曰順天命其旨微矣九五以陽剛中正而居尊位是能順乎天命而為天下之所萃焉者也聖人於此爻之辭首言萃有位無咎者蓋

萃不可不有其位然有其位矣又不可不有其德故又言匪孚元永貞悔亡也四剛而不中且處多懼之地故其辭既戒以必大吉然後无咎而象又以位不當明之初與四應三則承乎四而無應於上一曰乃亂乃萃一曰萃如嗟如豈不以其萃非所當萃者乎惟二當萃之時而獨與五應故曰引吉无咎孚乃利用禴謂為五所汲引上下之心交孚雖用禴而亦可祭也若夫上六居乎卦外陰無位正與比之後夫相類然不曰凶而曰无咎者蓋比初言能孚則有終來之吉故上則明後夫之凶萃初言不能孚則有不終之亂故上則明齎咨涕洟之无咎兩卦初辭皆互足其意此其占之所以不同也夫

作者往往以他部比合證明，疏通此家說經之長義，蓋於此經無復紬繹，固已久矣。

宋賢所云伏羲文王方位次序其說，僕竊不安。其說彼但據說卦篇天地定位及帝出乎震二節各為言耳，其實說卦本篇固未分別某者為伏羲、某者為文王也。愚意伏羲但有八卦，文王演之為六十四耳，初未嘗別有方位次序，且伏羲圖無六十四卦，又

升卦說

升之彖曰南征吉先儒皆以南為嚮明之方利於前進予按文王之說卦南為陰方陰主乎柔傳曰柔以時升故必南征而始吉也此葢與蹇解之利西南為說略同夫升當上進之時而彖乃與蹇解同者聖人之意以為人之所當進而不息者惟修德為然至於勢位之升沈名譽之顯晦凡人世所爭競而不欲止者君子則皆退然如不欲有即不得已而得之亦惟順其自然已耳無所希於前亦無所冀於後也坤之德為順而柔又主於靜故獨於此取升進之象焉若陽剛則其性躁躁則銳於進而昧於退非君子之所敢安矣升之為卦其義以初六六五為重初

安有所謂方圖無圖之紛紛者哉說卦帝出乎震云云特以解易文中西南東北之辭而已非羲文有圖而說文乃之貼說也

為升之始其大吉曰允升而象釋之以上合志五為升之主其貞吉曰升階而象釋之以大得志蓋傳所謂有慶而志行者惟初足以基之亦惟五始足以當之若夫二陽惟二以剛中應五故象言有喜而占言无咎三則但曰升虛邑而已嗚呼聖人當升之之時而喜柔惡剛如此其示人以難進易退之道微矣哉胡切矣哉

卦之名蓋言陽升而象傳以柔升釋之恐嘗疑象傳之未必出孔子此其一端也作者能專升之說得難進易退之義固當而貴之聖人而不惑矣

桐獻録序

吾嘗推論史家義例莫不本之於經蓋編年之法創自春秋志傳之文肇於典謨其他雜記聖賢言行者則論語一書實為之嚆矢焉家語孔叢雖皆後儒僞託然亦綴合孔氏遺文仿論語而為之者也周秦諸子亦間紀聖賢軼事而詞多荒誕不可信惟劉向新序說苑所載主於明紀綱迪教化不失為儒者之言耳六朝時劉義慶作世說新語其中頗多游鄙之談淺薄之行以詞旨名雋好文者嗜之故其書易行而害道亦最甚焉宋承五代之餘名卿巨儒並生挺出南渡後朱子乃考其言論行事編為名臣言行錄及伊洛淵源錄讀之皆足以感發興起有益學者

甚大夫傳狀之文貴能紀其人之大節故功在社稷者其州郡之
設施略焉功在州郡者其鄉里之行誼略焉非惟敘事之體則
然苟詳於其小則大者轉以之不顯焉耳惟記錄之書可以巨
細兼採即言論足取亦得並錄以資觀法蓋傳狀必舉其大而
記錄可悉其詳此二者之體所以能並存不廢也要必以有裨
於人心風俗為第一義朱子兩書所以能獨自存於正史之外
蓋由於此豈徒曰廣見聞資採摭而已哉吾鄉前明士大夫自
左忠毅公外大率皆以風節著聞其勵志聖賢之學者則始於
何先生唐而大於明善方先生學漸數傳至密之先生一變為
為宏通淹雅之學論者遂謂其書開實事求是之始

聖清膺運先端恪公及張文端方恪敏相繼立朝並有賢良之譽雍乾間方望溪侍郎以學行為天下宗海峰惜抱兩先生繼之於是天下言文章者復歸嚮桐城以為正軌嗚呼可謂盛矣昔明善先生嘗撰桐彝邇訓兩書雖所收錄甚簡然吾邑正嘉以前之文獻實賴是而僅存予每與馬君通伯言此未嘗不思所以賡續之者今年秋通伯既撰耆舊傳若干卷予乃本朱子之意遍採史傳志乘及諸家文集筆記別為桐獻錄一書所錄悉引原文而各詳注其所出意主徵實而已傳所取之人為詳而事則非其大者多不載是錄所取之事為博而人則非其大者亦不載其詳略異同之間蓋有可相輔者獨恨才識孱陋所蒐

輯者未必有當前哲之心然置諸座隅以自檢束則庶幾可為寡過之助云爾

鄉邦文獻賴茲不墜與日星

敬借一觀

書諸葛武侯傳後

諸葛武侯佐昭烈取蜀，世儒病其背劉璋為不義。嗟乎！此乃義之大者耳，烏得為武侯病？當是時，孫權據江東，曹操西向爭天下，昭烈所得有者惟蜀耳。得蜀則帝業成，帝業成則中原可復，中原復而武侯之義畢矣。欲成區區之小諒而不思宏漢烈，武侯詎若是哉？且非其人不足宏漢烈矣。璋才固闇弱，昭烈即不取蜀，璋亦不能有也。璋不有蜀，昭烈復不忍取，則徒為操、權資耳。吾見漢祚之必墜也。漢祚墜，武侯何事釋南陽之耕乎？嗟乎！君子之所行，固有非常論所能測者矣。匪獨不能測也，古人正大之行而反被以不義，如武侯者且不得免，士君子處斯世建

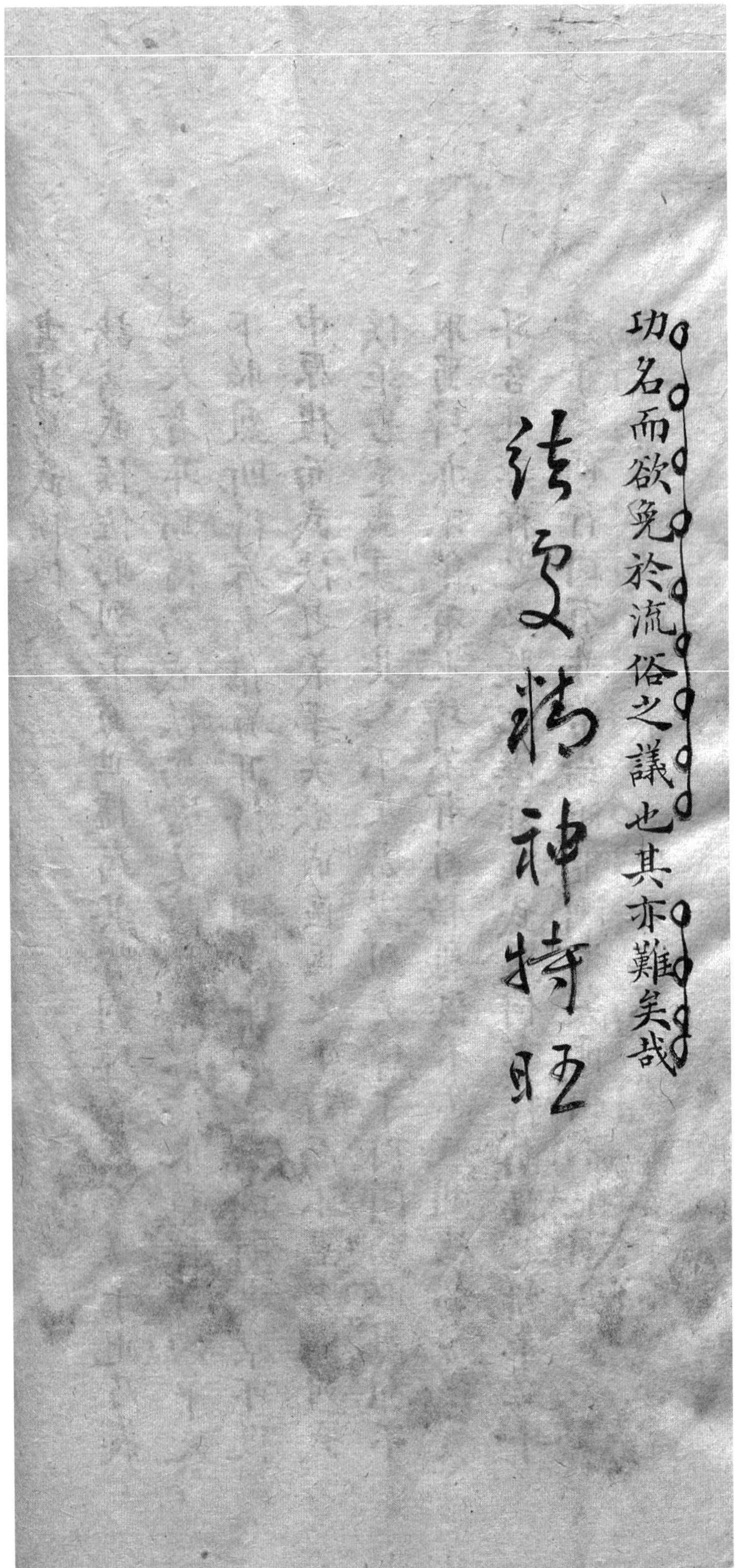

功名而欲免於流俗之議也其亦難矣哉

結處精神特旺

書汪龍莊先生庸訓後

右蕭山汪龍莊先生庸訓四卷桐城吳蝠山先生家訓一卷蝠山先生為吾鄉先達律身廉讓居官慈惠清德重於一時光緒初里人議請祀先生於鄉賢祠惜未及舉辦而先生所著書又皆零落散失往者徐椒存大言先生生平以龍莊先生為法嘗刊其庸訓於桐以教迪後進末附刻其所著書令此本亦不可復見矣永樸嘗與馬君通伯究觀吾鄉風氣自前明以來士大夫率皆敦崇禮讓為子弟者亦莫不循循於規矩之中進退唯諾無敢戲豫及嘉道之際如吳先生者家法最為嚴整而方植之馬公實先律原諸先生及　先大父均以孝友節義為後進

所宗故其時之俗尚不悖於古然余（予）考諸先生之所記載及往
復諸書蓋已不勝世變之感矣是豈諸先生之過慮歟抑逆知
夫風俗之一變而不復返乃為是無窮之思歟今士習日敝欲
求有如諸先生者既邈不可得然則雖殘篇斷簡果為先輩之所
論述固當刊布之以起後進之嚮慕況其可以移風而易俗也
光緒辛已通伯假得吳先生家訓意當日附刻庸訓後者或即（次注先生家）
此書乃復謀鳩貲合刊之甫授梓即以事遠去今年夏自都中
歸而是書適已刊竣囑余（予）識數語於後余（予）乃述其意如此苟同
志之士取是書而力行之以飭於身以教（於）家雖不敢謂守此以（已）
足亦庶幾其可以寡過焉爾

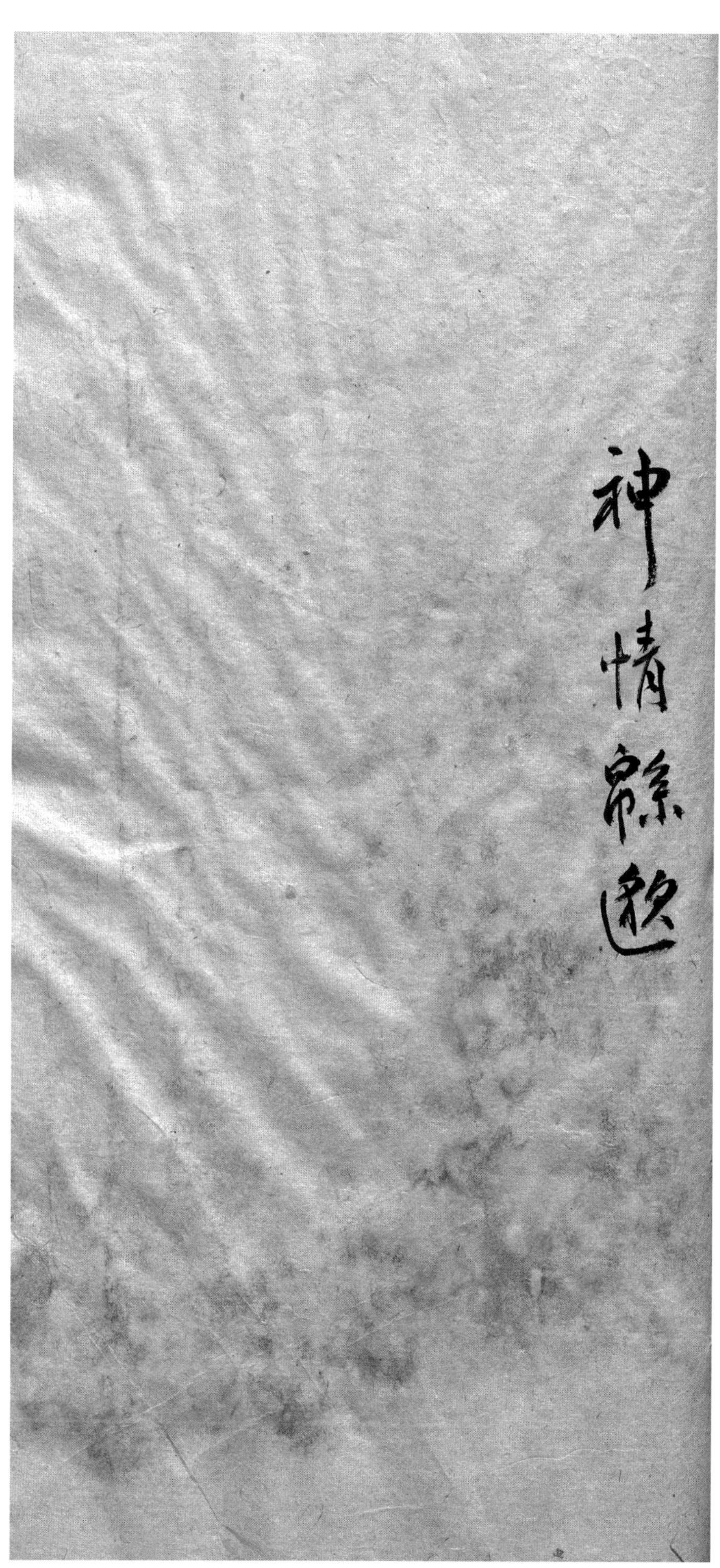
神情綿邈

奉吴至父先生書

永樸聞之物之久而煥然者必物之精者也猶是質也猶是形也而此形質之中獨有翹然而絕其倫者豈不以淘而鍊之者精歟其淘之鍊之之力愈深則其精之留者愈永人之於文也亦然顯豁刻深雕鐫萬象其光氣所及能使千百世下冥漠不及見之人讀其辭而得其精神言貌懔乎如歎愀乎若悲吾固知其襟抱非大有異乎人者不能也襟抱既異於人矣苟非程功致力之深且久則亦不能蘄於成焉其功力既深且久矣或所師法未得其要則所謂功與力將不免謬用雖殫其心駊騀其神形而終無由造於精深之域此文之工所以難而工而傳

者所以為可貴也古之能文如司馬遷韓愈歐陽修之徒尚矣明之歸氏當王世貞名盛之時蕭然寂處於安江亭上守其道而不變　國朝錢受之輩以文章訓後進望溪方氏出乃獨鄙為纖悉乾嘉間海內學者競尚考證其文尤蕪雜寡要吾家惜抱先生起而排之以為義理考證詞章闕一不可是三子者豈好為苟異哉讀其書察其為人蓋可謂篤於自信而不惑於流俗者也三子既沒遠者數百年近者特數十年嚮之爭名於一時者其書已若存而若亡甚乃散亡磨滅蕩若飄風而三子之文獨久而逾貴由是觀之文章之必本於襟抱成於功力而當其始則尤貴乎善得所師法豈不諒哉伏維先生孝友廉讓立

身卓然所為文章永樸嘗讀數篇誠雄辯精潔蓋將繼三子而入古作者之室私心欽慕久矣憶總角時嘗於里中獲侍光儀蒙加獎誘其後先生遠宦畿輔常思錄所為文以獻自顧所業未成深恐臃腫拳曲之材不足邀匠石之一顧用是徘徊而不敢進今年春來天津距先生官所僅數百里雖以事羈不獲至先生之庭然欲求教誨之心於是乃益切焉夫以不賢而就正於賢學者之志也以己之賢而誨人之不賢君子之樂也懼人以己為不賢而不求益於賢以自遠於不賢則惑之甚者也況生同里閈重之以世好而又為欽慕於十年之前之人者哉然則永樸欲求所師法於先生尚何嫌何疑而自卻焉因不自揣

謹錄所作文若干首獻於先生倘肯取其疵謬而悉教之幸甚

不宣

文氣特為振厲惜施之非其人見許輒過當耳君未後日必當卓然有立媿老荒不學無以相益聞諸達者則以精誦為下手第一義敬致

奉張廉卿先生書

已卯秋赴試金陵獲聆鈞誨慶幸無極值先生以事返里未得久親函丈私心時用耿耿永樸才質魯鈍幼讀古人之書即知私心嚮慕以為當吾世苟有其人蓄道德而能文章雖隔萬里猶將跋涉從之稍長奮志於學益欲得其人而師焉伏處里閭見聞不遠當代名賢終無由知以遂其考德問業之願馬其昶通伯者永樸之友也又相與為婚姻通伯之為學甚力嘗欲盡心於文辭以繼鄉先輩遺軌而過永樸尤厚永樸有疑必就與析有過則痛繩焉不稍貸永樸雖不肖然內則有父兄之教外則益友之規故亦不敢自暴棄以流於小人之歸既又得交方

寶奧鞠裳通伯疏通而懇摯鞠裳倜儻而英邁每與永樸一室聚處抵掌論文苟所學者不進於古其志固皆不能自已也又相與悼世風之薄斯文之衰不朽盛業非可倖邀少壯歲月不復足恃吾輩三數人抱難成之願入靡靡之俗自今以往年齒日長人事日紛使非先覺之中有蓄道德能文章者以為之師表其不棄於無成者幾希矣伏維先生德高學懋其所養之也粹故其發之也宏於國朝諸家之外能闢蹊徑成一家言當世之夙於文者舍先生其誰與歸永樸既屢聞於二君又嘗讀所著文章怦怦然動於中以為向所云雖隔萬里猶將跋涉從之者今殆遇其人乎通伯又言先生喜獎誘來學士苟有長輒稱

述不容口海内英俊有志於古者皆比肩爭進於門既經祓濯莫不斐然可觀蓋通伯父固已親炙於先生有年矣其後鞠裳亦著籍門下當斯時也永樸非不欲附於門牆之末而自顧材質凡下深恐為大賢君子之所鄙棄是以跼蹐而不敢前雖然永樸與二子者為友今二子皆能自得師而永樸獨裹足不進豈非過歟因不自揣謹録所作文數首伏求教誨倘先生不以為不可教而辱教之則大幸矣

詞恉悱惻動人足以知其所立矣

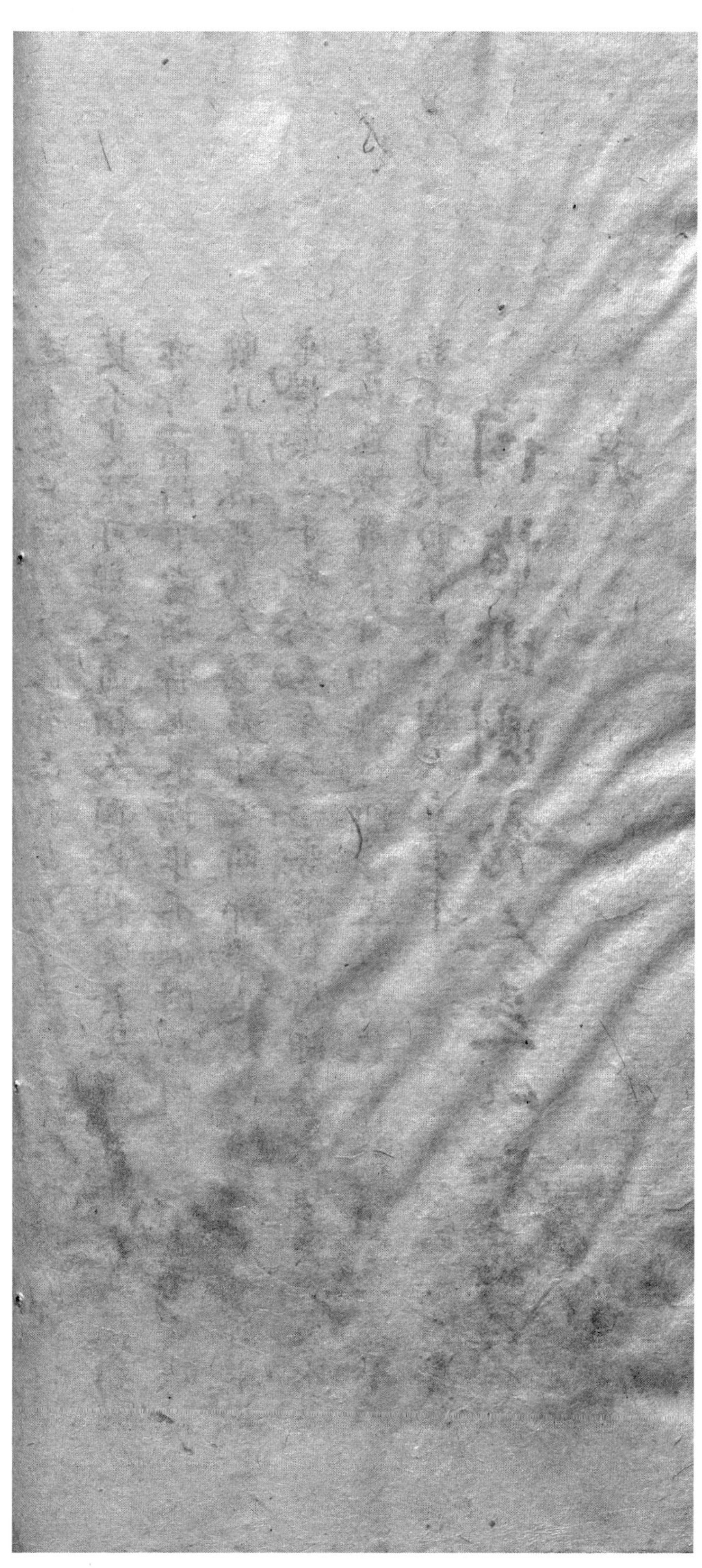

奉賀復齋先生書

永樸再拜奉書復齋先生座前永樸少讀古人之書常竊自歎以為從古風俗之厚薄無不本乎人才而人才之所由成則又無不賴乎學術曩者咸豐間善化唐公由方伯内召為太常卿倡道作人其時若倭公吴公曾公者咸就而考德問業吴公之學以致知為急於學術毫釐之差辨之必晰倭公之學主於誠身兢兢焉不使有一念之邪妄曾公之學總集衆長綜貫繩合以深為功以博為量數公者學雖不同然考其立心則皆在乎天下後世而毅然不復計身家利禄之私故其後道德事功皆足以垂於不朽而天下之士受其教者亦莫不踴躍奮發而不

敢自枉其材永樸獨恨生稍晚不獲以其愚魯無用之身受大賢之祓濯用是忽忽大息食常不飽中夜汗出不能寐以為如永樸之頑鈍滯拙使又不得聞大賢之教以振作其志氣幾何不流於小人之歸也既而思之天地之道無終窮則生於其間而能維持乎道者亦必與之無終窮今四公者既已矣意必有真知力踐繼四公而為人倫師表者特伏處里閭無由聞知以遂其慕悦之誠耳然則永樸惟患所學不足受大賢之教而何憂斯世之無其人焉於是退而讀書者有年壬午歲有自楚來者語永樸曰興國萬先生斛泉今之賢人也永樸詢其學考其為人心竊慕之當時即欲往游其門然自顧所學不進而惟僕僕以

求知恐不免蹈攀援聲氣之習是以躊躇而未敢今年春來天津獲交袁君遂王君晉之乃始飫聞先生之德無異嚮所稱萬先生者益怦怦然動於中以爲曩所云真知力踐足以爲人倫師表者今始遇其人乎夫攀援聲氣而不篤於爲己者學者之大患也懲攀援之習而自安孤陋不復求益於大賢則亦惑之甚者也且夫人之行事惟當辨於心術之微而已使吾心果攀援耶而假求益之說以文其私誠不可也如其不然也則吾所以求自通者正欲講明學術以成其才乃維持風俗者之所甚願吾奚爲而自卻耶况聞先生德高而志公學博而養粹四方之士苟有志於道無不曲加獎誘思所以造就之者是則先生

固以啟迪後進為樂其必不於永樸而獨靳所教也灼灼明矣故不自揆輒敢獻書以明十餘年來嚮道之誠並附呈所為文一册倘肯賜之觀覽而辱教焉幸甚不宣

獨學之識明辨之晰蓋有得於倭吳二公者而文章之淵懿則已冥過之矣

九八

答方倫叔書訂

倫叔足下永樸自少好為文章然求之太迫無所真得胸中無一成熟書去年春來天津奉教吳至父先生始知精誦為學文始事因取古人之文悉心讀之久之乃渙然微覺有得竊謂古今之學義理外惟訓詁詞章詞章之學其託業未必勝乎二者然而二者之學每相訾謷惟詞章實足通二家之郵而息其詬何則為詞章者欲氣之盛則必從事於義理以求慊其心欲詞之古則又必從事於周秦兩漢之書以通其訓詁古之能文若賈誼董仲舒司馬遷劉向韓愈歐陽修之徒未有不兼乎二者之長者也夫氣者人之精神著於外焉者也餒於內而欲其外

之盛豈可得哉舉聲華榮利之所在皆不足以動其中然後其心静心静矣則氣自生此韓氏所以欲養其根加其膏歐陽氏所以謂道勝者文不難自至也然而修詞之功又豈可少哉意則必衷諸道言則必出於己不衷諸道則其意荒不出於己則其言陳近世學者自古人一二常詁外問之輒瞠目而不能答矯之者又專取經史中奇字奥句口誦而手纂之而以理道爲大戒意之荒與言之陳其於行遠皆不可得也故鄙意今日欲致力文事非精通於義理訓詁不可雖然義理之文或失則質考證之文或失則碎取二者之長以助吾文可也若舉其體效之乃轉足爲文病矣辱吾子問輒吐其一得之見尚冀高明有

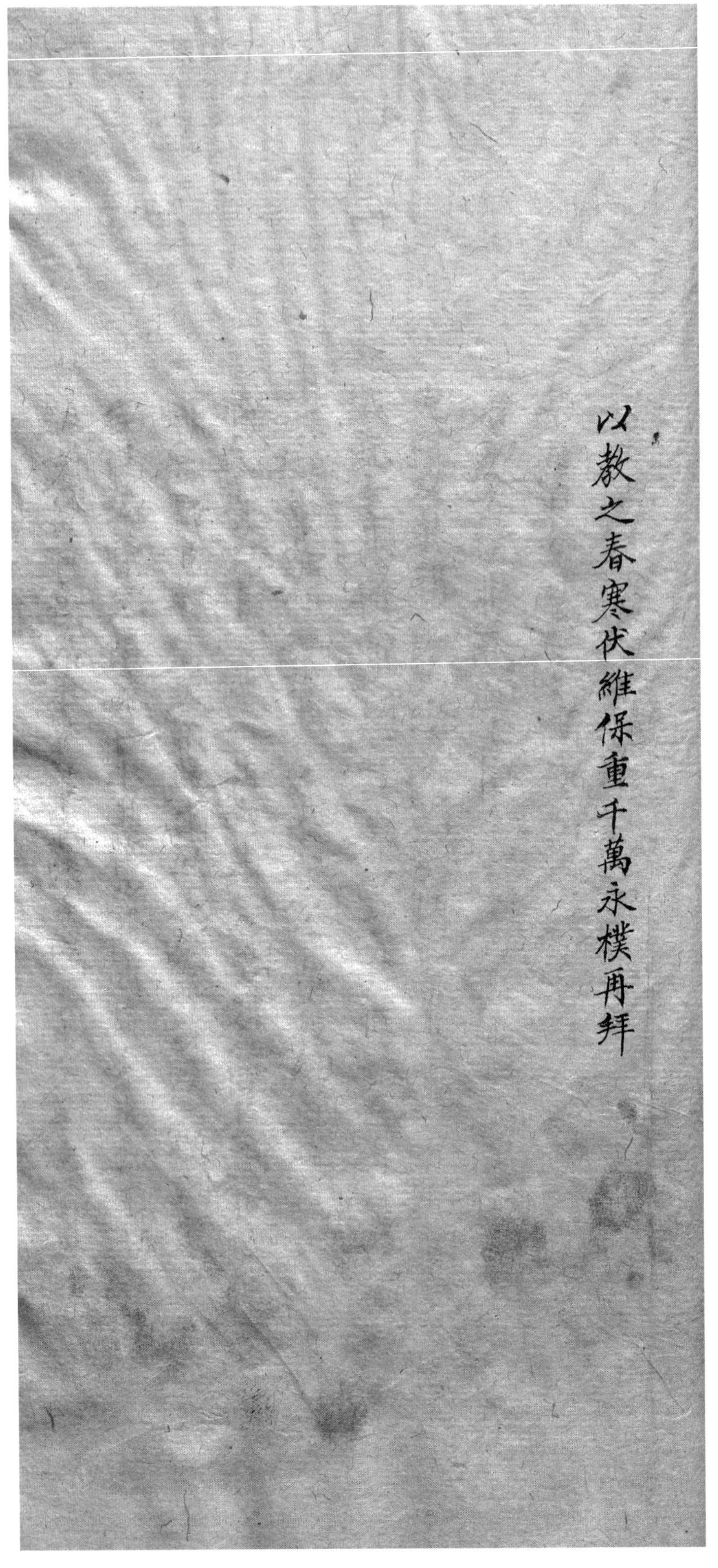

以教之春寒伏維保重千萬永樸再拜

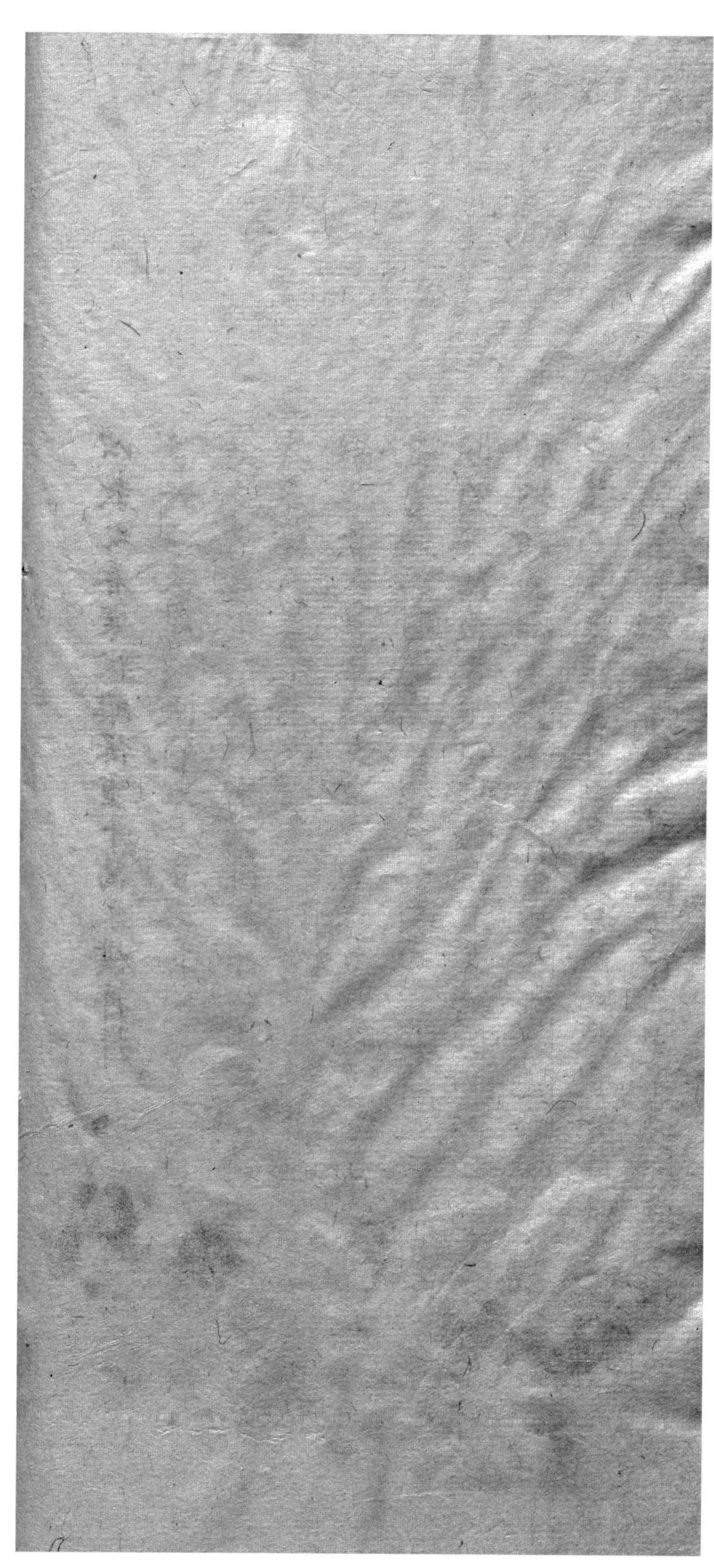

與潘秀才書

其月日姚永樸頓首允升先生足下竊以古人之求友者切矣當其未得也如饑之待食寒之待衣不可須臾緩及其得之也如人獲珍奇之物鼓舞懽忻出於懇誠既幸其得而又恐其失也故其燕之也有笙簧之節賓接之也有揖讓之容酬報之也有縞紵之遺筐篚之贈蓋其為禮之備如此而其大要則欲其輔成己德善則相勸過則相規於學之昧也則啓之怠也則策之自君臣父子兄弟夫婦之倫以至出處進退動靜語默之細莫不賴之以求合乎義其為責之重又如此噫何其

至也故在易曰君子以朋友講習在禮曰友以任得民
在詩曰卬須我友又曰朋友攸攝攝以威儀由是觀之
古人之所以求友者蓋由於為已之切而為人之友者
其相勉亦惟在乎道義而非為聲氣之私也此其始之
所以不苟合而終之所以不輕睽也及乎後世或標榜
以為高或攀援以為工其相率而為交者非為名也即
為利也以名交名得斯相軋矣以利交利盡斯相仇矣
於是一二有識之士鄙其濫且薄也乃矯為寡交之說
夫以不篤於為已之人而友不足輔德之友又復迫之
以矜名弋利之心名其交之不終而為世所詬病也固宜

伏維足下踐履篤實慨然欲以聖人之道爲已任其所以自待者甚厚士不欲有志於道則已士而有志於道也孰不以獲交足下爲幸耶永樸幼時無所知識幸得交同里馬君通伯阮君仲勉始稍知所以爲人之道數年以來尚未流於小人之歸者二君之力也然禀質柔懦雖明知理之可以窮而智不足以燭之明知聖賢之可以必至而力不足以赴之自顧昏愚常欲交海内賢豪以自輔益方已卯之秋晤足下於金陵私心欽慕無極當時即欲納交於左右特以所學不進而惟以交游爲急恐有近於所謂標榜攀援者是以躊躇而未敢雖

然永樸之淺陋滯拙正宜時聞大賢君子之教誨庶幾克自振拔若徘徊而不前是果於自棄也豈非惑歟故不自揆輒敢獻書道古人相交之義而進所為文數篇惟足下有以教之

此篇寫來來中內含英邁之
氣此文教奉時庸邪書用之
用筆近高一格字誠化
隱君去行草無跡與古爲穩
惜作年府言矣誠可記

贈序 九

送馬通伯入都序 辛巳

予與通伯交在癸酉歲時通伯甫弱冠予亦尚總角兩人者雖初見意甚懽也其後予家挂車山中與通伯相望數十里數月不見檢通伯手書必踰寸偶入城則館於其家自道德之精以至言行之細通伯必與予相切劘當其論之未合設詞詰難颷舉雲興雖百夫不能奪及其渙然也始虛己以從之於為文也亦然剔垢抉瑕必當乃已蓋通伯所以益予者甚至而予於通伯茍有所見固亦未嘗茍從也今年秋通伯將有京師之行予乍聞心沖惕者累月以其交之深也有不能已於言者夫古之人為學不求聞於人也正其行而已不求媚於時也守其道而

已其孜孜不怠惟行吾心之所安豈以出處而或渝哉今之君子則不然始勞而終斁朝嗜而暮捐彼其誦詩書談道義平居無所欲之時則然耳有可以得名者而好學之心怠矣有可以得利者而好名之心亦怠矣何則其所學固不足以自信則動於欲也尚能自止乎京師首善之區四方賢俊之所必至然矜名弋利者亦往往集焉道之未明學識之未定欲其見紛華而無所悦豈不難歟通伯行端才俊其於持身涉世之道講之已悉今將身試焉能毋思所以踐其言者乎馬君樾橋方君蓟裳皆吾黨之好古力行者通伯抵都或以予言質之二君以為何如也

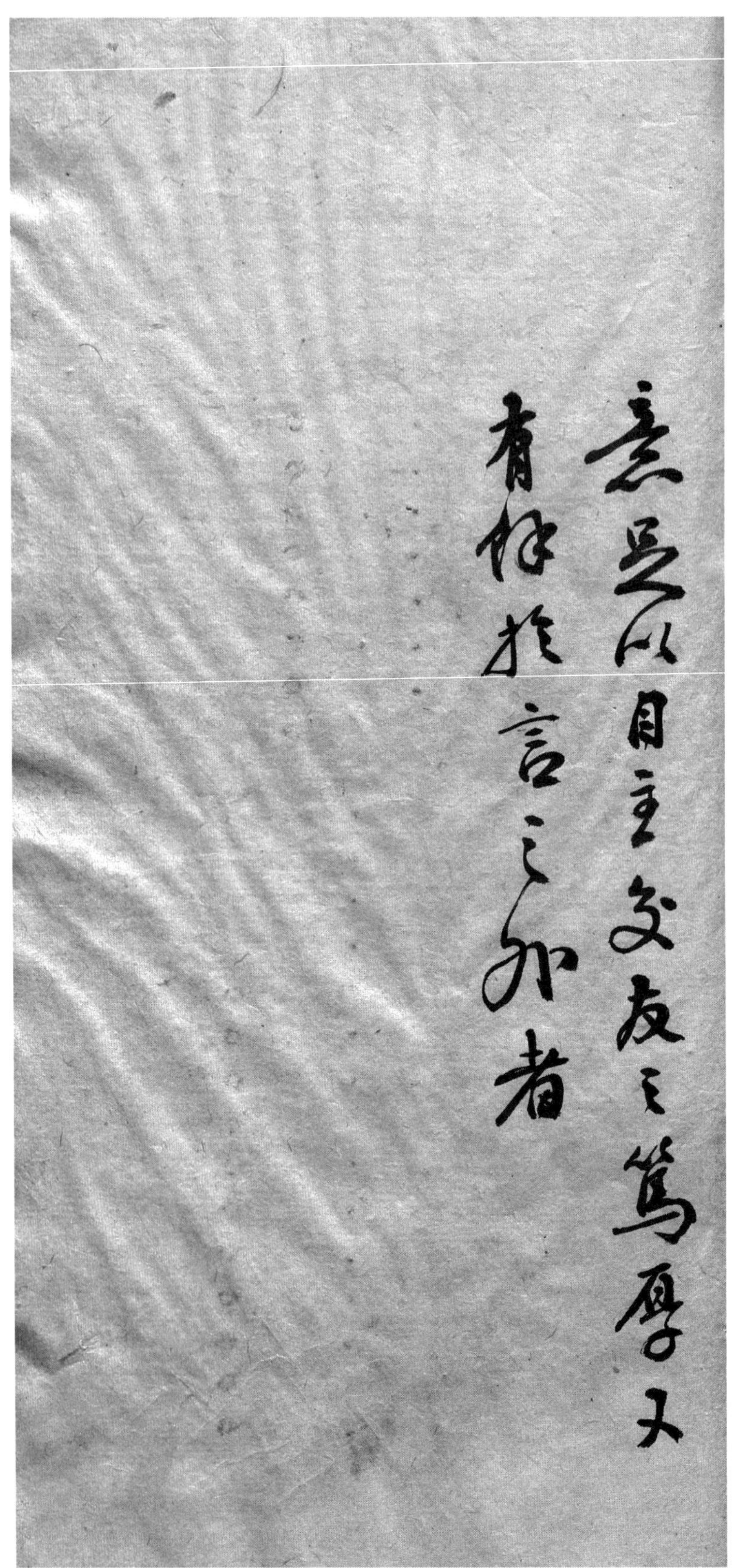
意足以自立交友之篤厚又
有昧於言之外者

西山精舍圖記 壬辰

西山精舍者吾家舊宅也初吾父自安福謝官歸寓皖兩年後以大母嗜靜更買宅邑西挂車山中築精舍于旁吾兄弟讀書其中西北山巒峻絕獨至吾宅乃平夷其水石林木清深幽靚視龍眠浮渡不逮也然吾家居此數年大母年裁七十諸孫先後娶婦生子孫女幼者猶未嫁大母居宅西偏庭中雜植梅杏荼蘼丹桂諸花一歲中紅紫常不絕每風日稍佳吾父必奉酒為大母壽永樸兄弟輙以次立捧壺觴或眺門外則操几杖從焉長孫女歲時來寧則大母為加餐逮去恒愀然永樸兄弟以事入城届期反反或日暮大母輙遣人走迎數里每行抵家逾

山角楓林則見燈光熒然所畜犬聞人聲驚吠大母必隔溪遥訊知已歸乃喜其後吾父再任安福大母猶康强就養永樸兄弟皆隨侍馮君筱白爲圖舊宅今大母亡矣顧披是圖而精神之寄於是者獨歷歷若存絶不意其爲十年以前事也夏五月永樸授經旅順去家數千里宵深兀坐追思往事不可爲懷爰流涕而記其略如此

靜觀草堂圖記

外大母陳恭人始依先妣於江西官舍先妣卒恭人乃與從母馬節婦築室曹岡居焉屋後有松百株環以田田之外爲平湖當春夏水漲漁舟來往欸歌聲與種秧者相錯其風物清美使

人居之皆不知有世事外兄光慎伯名之曰静觀草堂先是恭人在江西先妣頻年被疾永樸兄弟皆長於恭人恩誼甚篤自居曹岡後壹年吾家亦自皖移居挂車山相距數十里歲時永樸兄弟來謁恭人大喜時扶杖導往湖畔游觀從母則貰酒肉魚蟹烹之比歸杯盤已羅列几上恭人趣令食食不盡輒不樂吾家或遣人至值祁寒盛暑恭人必厚餉之故吾家諸僕及挂車山人皆喜至曹岡永樸兄弟面嘗齎大母蕭太恭人顧之輒笑曰汝曹胡若是豈久未之曹岡耶恭人居此十餘年光緒丁亥吾父再官江西盡室以往恭人乃假吾家城中舊宅永樸兄弟每歸里恭人見之大喜已而將别又泣下竟以此遘疾而没

嗚呼永樸其何以爲心耶壬辰春筱白既圖西山精舍乃乞爲此圖時展觀之以寄余思

歸太僕集中時有真樸之作家爲高境此種是其嗣音　其範記

先妣事略

先妣姓光氏祖諱復考諱聰諧官直隸布政使有清節生兩女先妣其長也年十九來歸吾父晝夜勤劬凡縫紝浣濯之事皆躬執之事大母及生大母能得其歡心大母夜喜假寐先妣恒侍側睡既熟乃徐為覆衾更適生大母所俟二母皆就寢始退以為常咸豐初粵賊犯桐城烽火徹天先妣奉大母走避山中吾父倉皇送至郭門復入取載宗祏俄而賊至遂被執先妣不得其耗也夜則倚衾飲泣晨則强顏慰姑是歲大祲日食不得再乃作糜粥以食姑而自食糠覈適從母以事至與俱

食先妣曰妹不能下咽耶吾曰食此乃彌甘也吾父幸脫於寇挈家入閩奔走數千里顛躓勞瘁所遭益艱窘既亂定吾父出宰安福先妣布衣糲食常自節縮曰吾知吾夫非久於仕宦者敢自縱侈為他日累耶吾父嘗三上書請建常平義倉不果行恒不自得一旦先妣從容請曰宰一邑慮亡不牽制曷奉母歸隱啜菽水以為養乎吾父喜曰此吾夙心也遂白大母竟棄官歸先妣生永樸兄弟及女兄弟凡五人愛之甚篤然有過必痛懲焉不為煦煦之慈永樸幼時嘗為吾父所訶入見母流涕先妣曰汝不好弄甯受責乎吾父同官中子弟多

鮮服永樸羮之以為請先妣怒曰汝幼習奢侈長當何如卒不與故永樸兄弟雖愚駑不自敢率然罔敢即於匪僻者皆吾父及先妣之教也先妣卒後大姊歸附貢生中書科中書馬其昶踰年兄永楷娶婦方氏永樸補學官弟子又踰年而娶婦馬氏生女矣永概亦聘妻徐氏每相與追念先妣不自知此生之何以為人也今年春吾兄謂永樸曰吾母懿德懼久而或忘子其記之以遺子孫永樸對曰唯乃取幼時所親見並聞於吾父及內外姻戚者述之如此然十亡七八矣嗚呼此罪安窮此痛曷有極哉

古文辭人至難之文此
亦人大抵以雄直為人一俵而
大抵肉之遒壯以至傳之世
亦有玉石更無事書作書表
捐文住而先生之文海涵古
崇為人古者固古人之身骨豈
功堅捐之枸不也趙士卒鄉孔

王君竹舫傳 庚寅

君姓王氏諱晉之字訒齋竹舫其號也世為直隸薊州人少舉於鄉數試禮部數黜聞倭文端公講程朱之學慨然棄去從之游數年學大進李君江者亦薊州人君之婚姻也以進士官京師年三十八引疾歸闢園莽谷中君亦挈家往李君居谷北君居谷西君顏其園曰龍泉君曰問青相距可數里日講道論德以農蠶樹畜之法導其鄉人薊州山水故盛自君與李君居其中益治田疇植桑柘竹木望之蔚然深秀過其地者輒流連不忍去以比武陵之桃花源云君為人篤謹平居溫溫如不能言及臨事乃毅然必峻其所守晚歲襄理天津廣仁堂恤嫠

事。今相國合肥李公嘗召君。君語使者曰：相國以堂事召，義不能不往。顧吾士也，方今士見相國者禮卑詘已甚，吾耻之。子幸為我白相國。李公故疾世之以儒鳴者，聞君言，愈疑之。然已前召，卽好謂之曰：若士也，士惟揖耳。君如所戒往。李公迎笑曰：聞子儒人，真儒耶？抑偽儒耶？君斂容對曰：如晉之者，何敢言真儒；然至以儒偽晉之，雖不肖，所不敢出也。李公大笑曰：子非真儒，固不能為是言。卒厚禮而遣之。君居廣仁堂數年，白李公以孤子中不能讀書者為梓人，使刊經史及名臣大儒奏疏論著凡數十種，未竟而卒。所著有訍齋詩文集、山居瑣言合若干卷，行於世。

論曰予丙戌歲於天津識君時君年六十予甫二十有五稱君
先生而君顧弟畜予嘗從容詢君揖李相國事君曰吾非敢然
也始吾謁倭公於京師投刺門者室中足將入門者遽止之曰
公毋入公入某罪大矣此也由是悚然與貴人接益不敢不自重焉遂使臧獲引今日
嗚呼君所自處誠賢矣然非倭公持大體有以崇士之節概而莫
柳堂不識而也哉

敍見李相國一事有聲色

循吏廖君傳

君諱冀亨字瀛海世居福建永定之清溪少時以家貧廢讀而耕稍長更以學自勵康熙庚午舉於鄉丁亥謁選授江蘇吳縣知縣時值歲旱奉　恩旨留漕賑饑前令侵冒過半君上書請追案之上官怒不許乃貸銀買米二千餘石逾年歲復饑　詔設粥廠三月未兼旬米罄復上書請米不得君曰為民父母無坐視理復貸銀五千兩以賑之當是時噶禮新授兩江總督而儀封張清恪公自福建調江蘇巡撫湘潭陳勤恪公知蘇州府事兩公者皆以清節稱當世察君為人深器之君亦彌自惕勵惟恐無以稱所職也噶禮者素張威福既莅任首劾布政使宜

此句宜刪

公貪酷　上命戶部尚書張鵬翮總漕桑額會審宜故有所恃
噶恐不勝誣以勒索節禮迫僚屬證之皆署縞君大言無此事
卒不署宜與令胡某噶之素好也以刑夾民民致死與少尉王
某至許清恪公委君往驗噶使人風君君固知尉無罪乃漫應之
及至命役啟棺使驗踝與足無致死狀役以微傷對君復親檢
之役知不能欺乃吐實君急召同城諸官至大聲詢之曰無傷
乎僉曰諾又曰果病死乎僉又曰諾君遂以其事申大府尉得
不坐清恪公大悅噶深銜焉其後卒以事劾陳公去之而君亦
相繼罷職矣君為人篤厚居官尤矜慎刑獄務得其情嘗有某
與富人爭水利君據詞直富人後行縣過其地聞數人竊語某

事曲在富人也君親往周視得其實簽兩造至覆審富人恃前斷且曰案立如山君曰理方是案無理豈可為案耶富人乃屈服其虛懷勤慎類此所平反冤獄尤衆民隱無不達者君既罷出署日惟餘青錢十九枚吳人感君為作十九青錢歌紀其事噶旋以墨敗其黨皆罷黜君與陳公同時開復君獨以病不復赴官家貧轉甚不能歸流寓於蘇買卜自給者二十年蘇人時時餽遺之後復集資送君歸閩聞君卒乃建百花書院以祀君君著有求可堂家訓一卷行於世

論曰以君之勤政惠民而不得竟其施豈非命耶君子之於世也盡其在我者而已故澤之加於民者有時而竭而其愷悌惻

隱之誠之蘊於心者固無窮也彼豈以命之懸於天者爲增損耶自君卒後其子姓益光大掇巍科登顯仕者踵相接然則天之報施善人又豈有爽時哉

叙次有神

宜載籍貫

鄧君少卿傳

君諱爾昌字仲韓一字少卿桐城縣人曾祖遇邑廪生祖鴻典郡庠生父夢璵有子三人君其季也生三歲而孤兩兄復相繼即世家貧困幾不能自存然性慷慨好讀書居大母喪哀毀踰禮蓋自其少時已知以名節自樹立矣道光十五年以考取供事得從九品分發湖南十八年補會同縣洪江巡檢洪江素號難治君始至歎曰是豈不足為政耶殫心所職民賴以安後以憂去官服闋升按察司經歷咸豐四年以從曾文正公軍克復湖北興治保升知縣六年署湖南甯遠縣事是年夏補授會同仍留署甯遠甯遠俗強悍前令以嗜酒廢事君清積案三百餘出冤民數十

人於獄囹圄幾為之空君聽訟必感以誠信不動聲氣不施鞭朴雖姦民黠吏無不立輸其情者每定一案數日內必意色慘沮反覆審慎寢食俱廢曰吾惟恐死者戴冤生者籲屈也七年署平江縣事踰歲蝝生水災繼之君躬拯民難全活甚衆九年以復從曾文正公軍克復江西景德鎮保升直隸州知州十年署瀏陽縣事十一年履會同任方君之去瀏陽也時粵賊屢出入楚境會同尤賊往來之所衆皆危之君獨毅然不顧至未旬日賊率衆撲城君督兵堅守賊圍益急矢石如雨君左臂為飛子所傷昏仆城上俄城陷君招集團勇復之殺賊無數同治二年石逆餘黨李福猷等竄至乾州君以賊出沒無常急招兵為

防禦計既而賊果大至君困守踰日餉盡外援不至賊蟻附登城擁君至縣署迫令跪君怒目叱之曰我朝廷命官也肯為爾賊跪乎賊怒遂遇害時三月十五日也事聞　詔贈君道銜并給雲騎尉世職會同士民感君忠義請立專祠以祀君

論曰為臣而不負乎君者必其為吏而不負乎民者也為吏而不負乎民者也必其為士而不負乎學者也觀君少時篤志為學及為令復能以慈惠育民此其所以倉卒能自決歟君嘗與予書曰吾作令不能貪財枉法州縣官不易為我嘗以自惕也嗚呼若君者其知牧民之道矣君有子五人長嘉楨湖南府經歷次嘉楠雲南知縣次嘉穀次嘉樾邑諸生次嘉梓

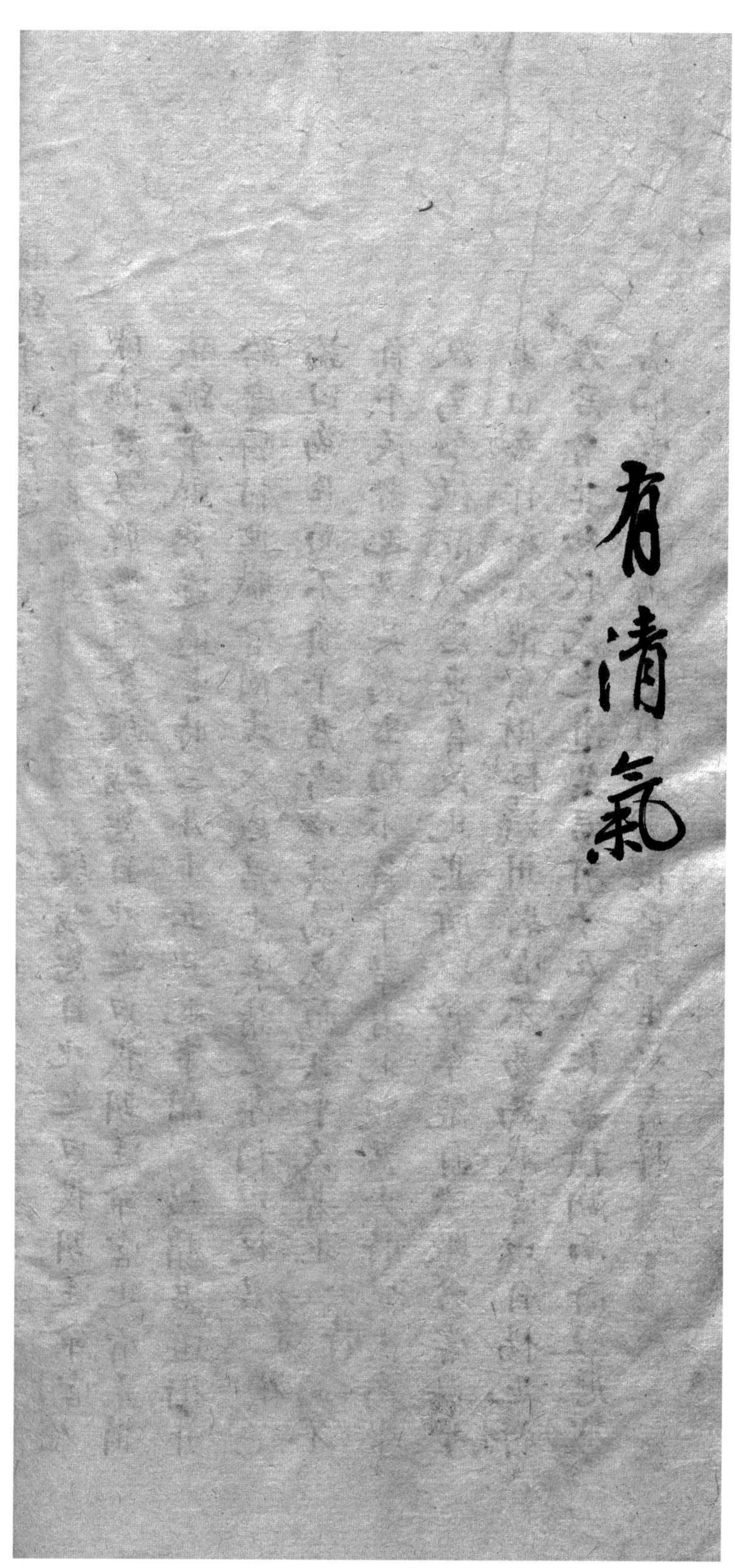
有清氣

十四三

太學生姚君墓誌銘 庚寅

君諱聲，字振之，號澂士，姓姚氏，桐城人。曾祖諱鼐，世所稱惜抱先生者也。祖諱師古。父諱寶，同縣學生。自惜抱先生時家故貧，及君而貧甚。數試於督學使者，不售，依先大父四川。咸豐三年，粵賊犯桐城，君舉家遇害，獨與子被執，久之得脫。會曾文正公克安慶，求惜抱先生後，稍振之。亂定，復依吾父於安福。吾父引疾歸，買宅挂車山，君居龍眠，嘗以歲之半來挂車。當歲暮，其子走書白食盡，君念吾家方貸粟食，不忍言，徐答其子曰：「吾家之矣，食盡則餓，餓不可忍，乃死耳。」吾父見之，笑曰：「何至是！」亟分所貸粟寄歸。自是君反龍眠時稍淹，吾父念之，必曰：「寒人餓死矣。」

農川府君壙文

寒人者君晚所號也其後吾家反城東故宅君亦葺城北廬居
之吾父自號寒皋時同里蘇先生求莊亦固窮君子也居金神
墩以寒知子號當春秋佳日吾父輒以車迎蘇先生入城與君
會食當飲處有梅花一株因戲名三寒會而以破寒名當飲處
之亭云君少善飲酒酒酣發長嘯一座皆驚性嗜茶求貯茶及
煎法甚備慕君者爭為詩乞飲作書愛王羲之嘗得善本日摹
之雖戚寒暑不輟其高致類此君以嘉慶甲戌十月十四日生
卒於光緒庚寅四月十八日享年七十有七娶陳氏生子永椿
孫四人紀萱樂芋萱為弟閒後孫女三人永椿以君卒之年十
一月十二日卜葬桐城北鄉唐家嶺徵銘於永樸永樸為君近

族子侍君久知之又悉義不敢辭銘曰

默默者其身之隱也汶汶者其窮於世之甚也嗟彼闒茸兮競

車駕而騁騁也獨君邈然兮高所秉也信以述之後彌炳也

葉府君墓誌銘

君諱墉字乙勤桐城縣人父諱光勳生君甫三歲而殁季父諱光弼亦早卒無子以君為嗣君幼孤痛不逮事其父事其母益謹本生妣氏姚嗣妣氏鄭均以節孝旌於　朝君家貧竭誠孝養罔缺推所以事父者以及從父昆弟以及其宗倡修家乘撫伯父遺腹一子三十餘年推甘讓善門内雍然昔吾鄉自前明以來士大夫家率皆敦崇禮讓篤於親故以迄嘉道之際流風餘澤稍稍衰矣然如君者雖不得禄以竟其施而跡其行誼見稱於里黨者求之今人胡不皆然也於戲殆猶所謂務本之君子者耶君慷慨既能任事事有難決爭質於君君輒剖以是非

導以和讓人人得其意以去咸豐初粵賊來犯歲值大饑居人流散君獨營護先壟不忍去賊刈其山木爭之賊怒爭益力賊縶其趾而倒懸之將刃焉里父老匍匐往請賊乃異而釋之於是人益歎君懿行之篤感及凶頑也君以同治四年十一月二十三日卒春秋六十有九配張氏孝恭雍穆和於娣姒子七人徠松甲子科舉人揀選知縣景松府學生廉浙江布政司理問駿福建臺灣新莊縣丞丙暉友文彷幸光緒六年三月合葬於縣西龜山銘曰

噫嘻俗敝伊胡底終彼慝是實此親惟戎君奮末世敦古之風厥行靡瑕厥名匪崇我銘貞石永耀幽宮

亦清

白話史
二十四章

白話史

《白話史》二十四章，民國九年（一九二〇）紅格鈔本。一册，毛裝。半葉八行，行二十五字，白口，四周單邊。框高二十點三厘米，寬十六點五厘米。版心題『正志中學』，卷端題『古桐子國民述』。有民國九年姚永概題跋并句讀。

姚永概題跋云：『《白話史》二十五章，乃仲兄所編，以教家中小兒。余命唐生代抄畢，自爲句讀，并校改舛誤，以付翁望。庚申四月叔節記於京師。』此書起於皇古，繼以唐虞、夏、商、西周、東周、秦、西漢、東漢、三國、西晋、東晋、南北朝、隋、唐初、唐中葉、唐末、五代、北宋、南宋、元、明前半、明後半，迄於清，各爲一章，共二十五章。以白話文的形式簡述中國通史，爲童蒙讀物。最後一章所題『第二十五章』疑爲抄者手誤。

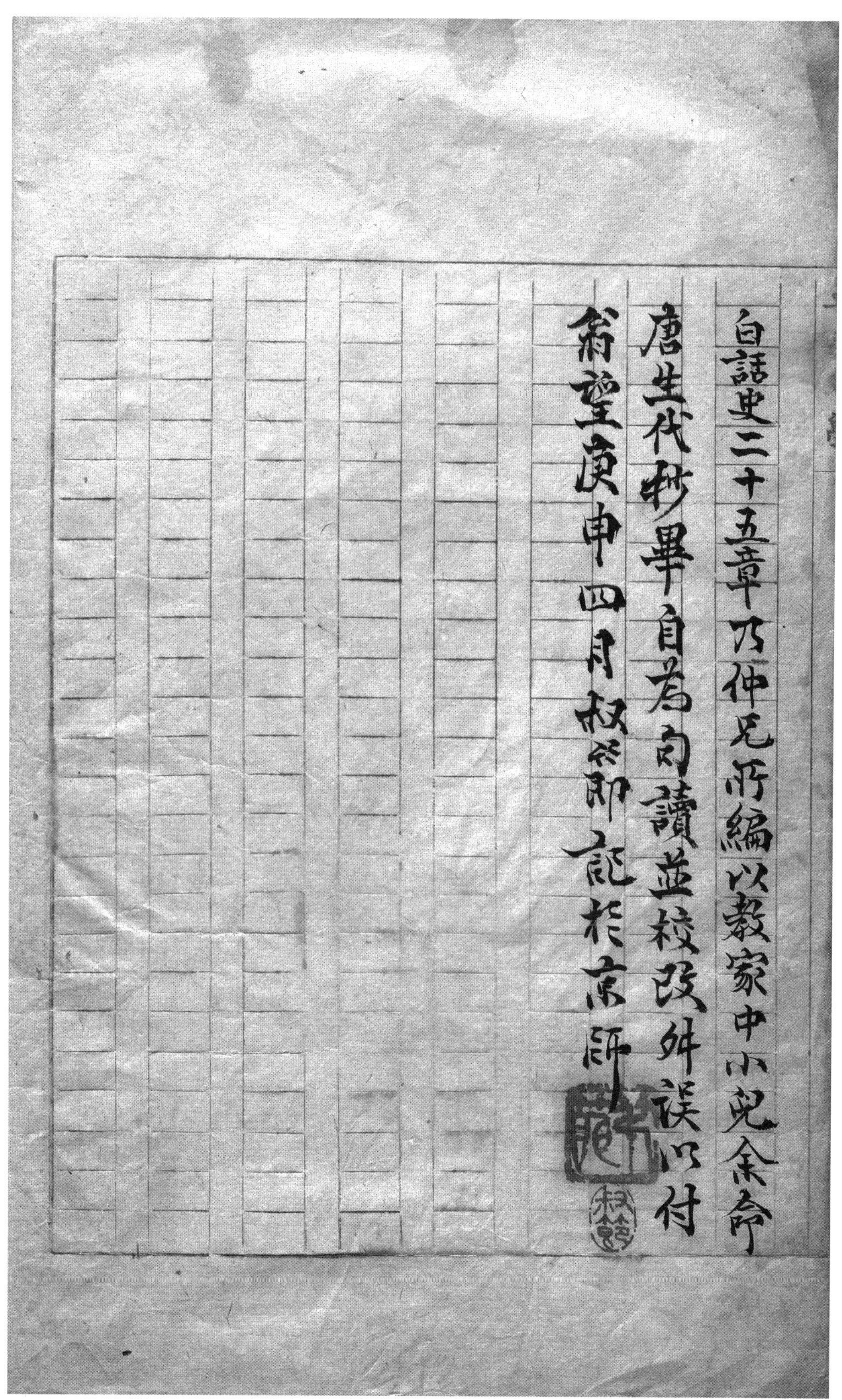
白話史二十五章乃仲兄所編以教家中小兒余命
唐生代抄畢自為句讀並校改舛誤以付
翁望庚申四月叔弢記於京師

白話史

古桐子國民述

第一章　皇古

我國人民當初渾渾噩噩，飢便喫鳥獸的肉，甚而人相食，寒則把樹皮木葉護身，遇著毒蛇猛獸，被他吞噬，無法抵禦，不知何時忽有箇盤古氏出來治世，纔立些秩序，免受萬物侵害，這就是建國之始。隨後有天皇氏，造出天干十箇，甲乙丙丁戊己庚辛壬癸是也；地支十二箇，子丑寅卯辰巳午未申酉戌亥是也。從此人民纔知道有年歲。地皇氏定日月星為三辰。纔知道分晝夜。人皇氏把天下分為九區。纔知道有東西南北。有巢氏構木為巢。纔知道避風雨。燧人氏鑽木取火。纔知道不吃生的。吃熟的。但這箇時代。未有文字。靠著結繩記事。小事結箇小繩。大事結箇大繩。到得伏羲氏出來。畫八卦。乾為天☰坤為地☷震為雷☳巽為風☴坎為水。☵離為火。☲艮為山。☶兌為澤。☱纔知道造書契。又制嫁娶之禮。纔知道有姓氏。其後神農氏代之。分別五穀之種。教民種藝以食。不專吃禽獸之肉。又嘗百草以為藥治病。又為日中之市。教民把物交易傳至孫榆罔無道黃帝與戰於阪泉而勝之這箇時節又有蚩尤氏造刀戟大弩為害於天下黃帝征之蚩尤作大霧兵士昏迷不知道路黃帝為指南針以定方向遂擒蚩尤於涿鹿天下共戴黃帝為天子黃帝命倉頡作字隸首作數大撓作甲子伶倫作律呂而衣裳舟車貨幣一一創造又設井田凡八家同井每家得田百畝中間為公田穿一箇井又教他妃子嫘祖教婦女養蠶取絲織出綢子來其後又有少昊氏顓頊氏及高辛氏帝嚳皆有功德

第二章　唐虞

陶唐氏帝堯者。帝嚳之少子也。嚳崩。長子摯立無道。諸侯廢之而立堯。堯命羲和造曆。立閏月之法。這箇時代。洪水滔天。大為民害。堯叫鯀去治之。凡九年。毫無功效。堯訪問羣臣。得一箇大孝子。姓姚氏。名叫做虞舜的。命他做百揆。官職同後世宰相。今日內閣總理一般。舜先治鯀的罪。把他送到羽淵地方囚起來。又把共工打發到幽州去。驩兜打發到崇山去。三苗打發到三危去。都是惡人。那時人民和鯀算在一處。叫做四凶。舜看鯀的兒子禹。很明白治水方法。命他代父辦事。為父贖罪。禹將地的低處掘開。把上面水都瀉下去於是水勢漸退各就各的地勢行不致横流了凡櫛風沐雨跑了十三年大功告成從此人民有田可耕有屋可住個個都好過日子一日堯游康衢有兒童唱歌説道立我烝民莫匪爾極不識不知順帝之則又有老人唱歌於路説道日出而作日入而息鑿井而飲耕田而食帝力何有於我哉堯的兒子丹朱不肖堯讓天下於舜舜因禹的功勞大使為百揆又使契為司徒管教化棄為后稷管稼穡皋陶為士管刑罰益為虞管草木鳥獸天下太平無事景星出卿雲現舜作歌曰卿雲爛兮糺縵縵兮日月光華旦

復旦兮。那時有八箇伯爵也歌曰。明明上天。爛爛星陳。日月光華。弘於一人。舜又造五弦琴。彈而歌之曰。南風之薰兮。可以解吾民之慍兮。南風之時兮。可以阜吾民之財兮。命夔造韶樂。奏起來。百獸聽了。都歡欣鼓舞。鳳凰也來了。舜的兒子商均也不肖。舜依堯的樣子。讓天下於禹。

第三章　夏

禹姓姒氏。既為天子。大會諸侯於塗山。執玉帛而來的有萬國。一日出游。見路有罪人。下車而泣。羣臣問是何緣故。禹說，堯舜之民。

把堯舜之心做自己的心不肯犯法到我為君而民各以他的心
為心而有犯法的我心下如何過得去其後禹又會諸侯於會稽
防風氏後至殺之其骨大可專車禹病了依舜的樣子讓位於益
天下之民不歸益而歸禹子啟自此以後為天子者皆把大位傳
子孫從沒有揖讓之事了啟崩子太康即位打獵於洛水旁有窮
國的君叫做羿以兵拒之太康竟死於外不得歸羿也好打獵既
簒位其臣寒浞天天哄他打獵將權柄都弄在自己手中後來殺
羿又殺太康之子相相后叫做緡方懷孕逃往母家生少康既長

大了夏遺臣有叫做靡的起兵滅浞復奉少康為天子自此以後傳十一世至帝桀無道寵有施氏之女妹喜為瓊室瑶臺其臣關龍逢諫之為所殺湯聞而伐夏大戰於鳴條桀兵敗湯放之於南巢夏遂亡凡有天下四百三十九年

第四章　商

商湯者姓子氏名履舜臣契之後初都於亳有打獵的四面合圍湯出獵去了三面祝曰欲左者從左去欲右者從右去惟不從吾命者入吾網諸侯聞之皆曰湯仁及禽獸如此而況人乎由是歸

心桀妬忌他名聲好召而囚諸夏臺已而釋之及湯伐桀滅夏遂為天子這時節天下大旱凡七年不下雨湯禱於桑林以六事自責祝曰天呵勿以我一人傷民之命我豈是政不節歟民失職歟宮室崇歟女謁盛歟苞苴行歟讒夫昌歟女謁者是說婦人入宮請託私事苞苴者凡物裹曰苞藉曰苴以物送人必苞之藉之也湯未必有這些過惡只是自己不放心惟恐有種種不好的事未察到這話纔說完大雷大雨就來了地方數千里都下徧從此風調雨順了既崩孫太甲立無道伊尹放之於桐攝行政事三年太

甲悔過復迎歸五傳至太戊亳有桑穀兩樹合生一夜之間陡然大了兩手合抱不能滿太戊懼伊尹的兒子名叫陟的說妖不勝德王其修德從之三日枯死又十傳至盤庚遷於殷又三傳至武丁夢天把賢臣與之畫其形旁求於天下得傅說為相果賢因鬼方無道以兵往伐三年克之又八傳至帝紂無道寵有蘇氏女妲己為長夜之歡又剖孕婦視胎斮清晨過水者之脛視髓周文王聞之竊歎乃召而囚於羑里已而釋之紂兄微子知事不妙逃去箕子諫紂紂囚之使為奴比干諫更切紂曰比干說我不是必自

以為是吾聞聖人之心有七竅我到要看看遂剖其心比干遂死

這時節周文王死已久其子武王興兵伐紂敗之於牧野紂遂自

焚商亡凡有天下六百四十四年

第五章　西周

周武王姓姬氏名發舜臣稷之後曾祖太王亶父祖王季歷父文

王昌文王崩武王見紂惡日盛乃觀兵於孟津諸侯不期而來者

八百國皆曰紂可伐矣武王曰我不過嚇他他如改了我何必奪

他的江山遂去過了幾年紂不改乃伐之遂滅商為天子那時節

朝中大臣有齊太公望召康公奭及他胞弟周公旦都是一班聖賢武王崩子成王立年幼周公攝行政事受諸侯朝賀周公又有箇兄一叫管叔又兩箇弟一叫蔡叔一叫霍叔三人背後説道到周公定然不利於孺子偏地播散謠言周公聽見因避位居東都三叔遂慫恿紂子武庚造反這箇時候天大雷電又風不止拔了多少樹木成王要卜卦開櫃取卦書見了一箇祭文卻是武王當日害病周公請於太王王季文王求以身代兄死的話成王大悟知道謠言不足信捧書而泣迎周公歸周公帶兵征武庚殺之管叔

自縊死流蔡叔於遠方降霍叔為庶人四方無事制禮作樂成王崩子康王立成康兩代周公召公相繼為相刑措不用凡四十餘年康王傳子昭王因征南方南方人把膠黏船誘王坐了溺死漢水中子穆王立得八駿馬能一日行千里叫善駕馬的造父為御游於四方久不歸徐子作亂穆王聞而馳歸幸得楚人合力滅之又數傳至厲王更無道知人議己叫衛巫在外監謗得謗者即殺之未幾民相聚而攻王王奔於彘民索太子召穆公以己子代之太子得不死召穆公者召康公之後也於是召穆公與周公之後襲

爵的同攝行政事叫做共和厲王崩太子立這便是宣王宣王勤
於政事南征北伐天下平定大會諸侯於東都宣王崩子幽王立
又無道寵褒姒褒姒喜聽裂繒聲王裂繒把他聽褒姒不好笑王
因向來有急事便舉烽火召諸侯遂命舉烽火諸侯不知是假的
都跑來救天子至乃無事褒姒不覺為之一笑王廢申后與太子
宜臼立褒姒為后以其子為太子宜臼奔申申侯與犬戎攻周幽
王見事急叫人去再舉烽火諸侯不來幽王遂被犬戎殺了這事
鬧得太大遂有四箇諸侯叫衛武公的叫晉文侯的叫鄭武公的

叶秦襄公的各帶兵馬來保護立了宜白為天子這就是平王東遷於洛周從此遂衰微

第六章　東周

平王崩子桓王立以鄭莊公不朝伐之王師大敗鄭人射王中肩及其子莊王孫惠王兩世北有狄南有楚皆為中國患幸齊桓公出為霸主尊周室攘狄伐楚天下以安齊桓公卒宋襄公圖霸不成而卒晉文公與楚人戰於城濮大敗楚兵遂繼齊桓之業這時節西方有秦穆公霸於西戎之中後來又有楚莊王敗晉兵於邲

故後人稱齊桓晉文宋襄秦穆楚莊五箇為五霸。最後又有吳王闔廬。大敗楚兵。入其都城。楚因秦人助己。乃得復國。闔廬後為越王句踐所敗。受傷死。其子夫差報讐。大敗越兵。句踐請為臣。乃赦之。句踐竟養兵蓄鋭。二十年後。兵强馬壯。乘其不意。圍吳都城而破之。夫差自縊死。未幾句踐卒。越亦衰。為楚所併。自是以後天下大國只有七箇。秦、齊、楚、燕、韓、趙、魏是也。當五霸之末。上無明天子。下無方伯。孔子生於魯。刪詩書。定禮樂。贊易。修春秋。叫做六經。留以待後世。孔子所做的春秋。起於周平王晚年。終於敬王之時。故

後人自平王以下叫做春秋時代到七國的時節叫做戰國的時
代當戰國初齊為大夫田和所篡晉為大夫韓虔趙籍魏斯三人
所分只有秦還是秦穆公的後楚還是楚莊公的後燕還是召康
公的後周天子雖號共主而勢力不過抵一箇小國只有齊威王
嘗朝之周人不加禮貌後亦不再朝了這時節孔子沒已久守其
道的只有孟子荀卿兩人一班政客如蘇秦張儀等游說列國而
孫臏吳起廉頗李牧白起之徒又以善用兵出名七國你爭我奪民
不聊生秦初用商鞅後又用范雎蔡澤諸人皆有才智到秦昭王

時攻周周赧王出降秦始皇又先後滅那六箇國而天下遂并於秦這就是周朝八百年的一箇大結局

第七章　秦

秦本舜臣伯益之後姓嬴氏周孝王時有非子者為周孝王養馬馬蕃生甚多孝王封之於秦為附庸之國至周平王時襄王救王室有功纔進伯爵其後穆公霸西戎孝公又用商鞅變法國更强大昭王遂滅周傳至始皇滅六國而即天子位以古有三皇五帝遂合之稱皇帝聽丞相李斯的話罷三代封建制度以為郡縣燒

詩書諸國史及諸子百家之言意在愚民又欲長生招一班方士入海求神仙有盧生者進圖記謂將來亡秦者胡也於是吁將軍蒙恬伐匈奴逐出七百里外築萬里長城以限之一日出巡至博浪沙韓人張良狙擊之誤中副車始皇怒大索天下十日不得疑儒生鼓惑人心誘而坑之凡數百人長子扶蘇諫始皇遣之監蒙恬軍及始皇死於沙邱惟少子胡亥在側宦官趙高與李斯謀矯始皇命賜扶蘇死立胡亥為二世皇帝胡亥重刑罰厚賦斂民不聊生陳勝吳廣起兵叛秦各處響應沛人劉邦吳人項梁及其兄

子羽、最著名。梁信謀士范增的話。立楚懷王之孫。名叫心的。仍號為楚懷王。未幾梁為秦兵所敗而死。羽重整旗鼓出戰。秦兵大敗。劉邦又做一路去攻秦。二世見東方盜多。責趙高。高讒李斯。說他通盜。二世殺之。以高為丞相。高獻鹿。說是馬。二世笑曰。此鹿也。問左右。或說是鹿。或說是馬。高殺說是鹿的。自此無人敢逆高意。高叫他女婿殺二世。而立其兄子子嬰。子嬰託病不出。高往見之。子嬰刺殺之。這時節、劉邦已破嶢關。進至秦都。子嬰降。邦除秦苛法。與民約法三章。凡殺人者死。傷人及盜抵罪。秦民大喜。項羽聞之。頗兵至。因邦遣兵守關。大怒。既入。將攻邦。幸羽叔父項伯排解。乃和。邦見羽。羽宴於鴻門。范增叫項莊舞劍。欲在席上殺邦。又幸項伯亦擊劍遮蔽。邦張良這時節在邦身旁。急召樊噲入內。噲痛痛怏怏責羽一塲。羽不能答。邦託言如廁。逃去。羽大燒秦宮殿。殺子嬰而去。秦亡。

第八章　西漢

先是楚懷王原說。誰先入關。就叫誰做秦王。到劉邦破秦後。項羽尊楚懷王為義帝。自立為西楚霸王。叫邦做漢王。分秦地為三。封了三箇秦的降將。叫做三秦。是明明背了原約。旋又殺義帝。邦因用這名義。發兵討之。相攻五年。漢屢為楚所敗。但邦有一箇大長處。在會用人。他的死黨。如蕭何、曹參、本是幼年相好的。其餘如張良、陳平、韓信、彭越、黥布、皆先從項羽。羽不能用。纔跑過來。邦用張良陳平為謀臣。拜韓信為大將。叫他先取了三秦為根本。再去取魏。取趙。取齊。又招黥布來幫忙。叫彭越燒楚的糧草。羽出兵。彭越就在後面鬧他老窩。弄得羽心慌兩頭。羽只有一箇范增。陳平遇楚派來使者。故意送些好食物。問是增叫來的否。知道是項王的人遂持去另換些吃不得的使者歸告知羽羽大疑增增怒辭歸疽發背而死自此羽越發孤立了後來與漢約中分天下鴻溝以西為漢東為楚各解歸羽去漢兵追之圍羽於垓下羽突圍出至烏江自刎邦即帝位這就是漢高祖既定天下以長安為都殺諸功臣信越黥布等高祖初娶呂后生太子盈又納戚夫人生子如意常欲廢盈立如意呂后焦急問計於張良良叫他招商山四箇老者叫四皓的從太子往見高祖此四人本高祖最敬服的因此知天下歸心太子事乃不行既崩太子立便是惠帝呂后做太后

殺如意又把戚夫人耳目手足都割去放在厠中叫做人彘請惠帝看惠帝大哭不久便崩了呂后取他人子為帝叫做少帝自己臨朝管事鬧了幾年死了他的姪兒呂產呂祿作亂大臣陳平周勃等誅之又殺少帝迎立高帝庶子代王即位這便是文帝文帝仁儉除肉刑弛山澤禁屢免天下田租嘗欲築露臺聞費須百金歎曰此中人十家之產也朕居先帝宮室常恐羞之何以臺為身衣弋綈後宮慎夫人衣不曳地有獻千里馬者卻之文帝崩子景帝立亦頗有善政故後人說前漢賢君必推文景然景帝信晁錯

的話削宗室諸王所封之地遂致吳、楚、趙、膠西、膠東、菑川、濟南、七國同時反景帝懼殺鼂錯以謝七國而七國進兵不止幸大將周亞夫傾兵平之亞夫以功為丞相其為人剛直景帝的皇后王氏有兄名叫信景帝欲封他一箇侯爵亞夫力爭景帝不歡喜亞夫辭職去不多時有人言亞夫謀反景帝不考其實竟將亞夫下獄亞夫不食死照此看來遠不如文帝了景帝崩子武帝立好大喜功用衛青、霍去病諸人北伐匈奴南平兩越東滅朝鮮又叫張騫往西域諸國與之交通武功頗盛可惜好神仙興土木之工又用酷吏張湯、杜周、等治獄殺人如草一般幸晚年悔過託少子於大將軍霍光便是昭帝光輔昭帝十三年輕徭薄賦海內治安昭帝崩無子光立昌邑王旋因其無道廢之改立宣帝先是宣帝微時有妻許氏既即位立為后霍光夫人名叫顯有小女欲把他配宣帝適當許后有病顯叫女醫把他毒死宣帝要拷問女醫顯事急告知光光大驚思舉發此事又怕顯得罪死心不忍遂將此事擱起不問隨把女兒送入宮做了皇后光死後宣帝知道了待霍家很不好霍光的兒子禹懼禍乃謀反事未發宣帝聞之把他一族全殺了以光如此大功不得留一條後宣帝也算刻薄少恩然宣帝做君卻不錯初在民間深知百姓痛苦故選用黃霸龔遂朱邑召信臣等為郡守都是循吏又前此匈奴為武帝所伐國漸衰弱到這時節郅支單于又與呼韓邪單于相爭呼韓邪來朝邊塞晏然無事既崩子元帝立優柔寡斷宦官弘恭石顯弄權既崩子成帝立把母舅王鳳做大將軍一家封五箇侯爵成帝無子死後立兄子哀帝王氏勢略衰哀帝崩又無子王太后猶在命他姪兒王莽立平帝過了數年莽把平帝毒死立一箇兩歲的孺子嬰自己稱攝

皇帝隨即簒位改國號叫做新

第九章　東漢

王莽做新皇帝十多年鬧得百姓不安煙塵四起有平林、綠林、赤眉、諸股漢宗室劉演、劉秀、也起兵會合一處有欲立劉演為帝的平林綠林兩股怕他精明奉劉玄立之改年號叫做更始王莽發兵百萬帶了虎豹犀象還有箇長人巨無霸劉秀和他在昆陽地方惡戰一塲把他打敗更始妒忌他兄弟威名借事把演殺了秀心中痛恨外面反引過自責更始沒奈何叫他做破虜大將軍會

合各股入長安殺了王莽秀又到各處掃蕩煙塵更始不久為赤
眉所殺赤眉別立劉盆子秀滅之即帝位定都洛陽就是光武帝
光武待功臣厚無人不保全其大好處在提倡名節前漢有箇密
縣令叫卓茂待民有恩王莽時不肯為官光武召為太傅封褒德
侯又有嚴光者字子陵本與光武是朋友隱居不出光武訪得請
至京城親到客館光卧不起光武曰咄咄子陵不肯助我何也光
曰士各有志何必强我光武把他請到宫中暢談與他同卧一榻
光以足架帝腹上次日太史奏客星犯帝座甚急光武笑曰朕與

故人嚴子陵同卧耳光辭去亦聽之有這兩件事所以東漢人人知道輕富貴重品節光武崩子明帝孫章帝兩代天下太平興太學聘賢儒講明經史為東漢最好的時代自是以後歷和、殤、安、順、冲、質、諸帝太抵母后管事外戚宦官爭掌權柄到得桓帝、靈帝、兩代外戚勢力不如宦官宦官氣燄薰天一時名士深恨之議論激切宦官亦深恨名士說他們都是誹謗朝廷圖危社稷的人這兩簡昏君聽他話興兩次大獄把一班名士自李膺、范滂、以下千百人重則殺之輕則禁錮終身這吽做黨錮之禍靈帝初桓帝之后竇氏為太后其父竇武欲除宦官不勝為所殺到靈帝崩子少帝立靈帝后何氏做太后其父何進又欲除宦官召董卓帶兵入都宦官見事急假傳何太后命召進入宮殺之袁紹者進黨也引兵入宮將宦官無論老少全數殺盡雖是痛快而董卓來了兵多袁紹不能敵而去卓獨攬大權殺了何太后少帝立其弟獻帝自為丞相加太師滿朝文武官不順他意都殺卻又掠民間財物婦女袁紹等起兵討之卓燒宮室發諸陵逼獻帝遷長安卓有義子呂布勇冠三軍卓全靠他扶助一日布和他的妾貂蟬說話卓見之

擲戟打布布跑到司徒王允處告許允是忠心於漢的因勸他殺卓
布曰奈父子何允曰汝姓呂他姓董是甚麽父子他擲戟打汝有
父子的情分否布許諾次日卓上朝布刺殺之將尸首丟於大街
上百姓割其舌剜其目把油灌在他肚內點天燈他本來肥胖點
了數日纔點完了這時節卓部下有李傕、郭汜、樊稠、張濟、諸人帶
兵在外因朝廷無大赦的信息打了進來說幫太師爺報讐把王
允殺了逼帝還洛陽途中曹操來迎駕遂至於許州操自為丞相
從此大權又入曹操手中獻帝一毫不能做主久之獻帝與皇后

父伏完密謀誅操事洩操殺完又殺伏后把他女兒配獻帝為后分明是監察他意思這時節孫權據江東宗室劉備取了西蜀操死他的兒子曹丕逼獻帝讓位與他改國號叫做魏便是魏文帝劉備即帝位於蜀便是昭烈帝孫權即位於吳便是吳大帝天下三分局勢一變

第十章　三國

魏蜀吳三國鼎立劉備因孫權奪了他的荊州殺了大將關羽興兵報讐孫權命陸遜拒之用火燒劉備營劉備大敗逃回白帝城

病重託孤於丞相諸葛亮亮奉他的兒子劉禪即位備是蜀先主禪是蜀後主這時節南蠻造反亮征之五月渡瀘深入不毛七擒孟獲又七縱之孟獲心服誓不再反亮見南方平定上表後主北伐中原凡六出祁山皆因糧不足而回後來想法兒造出木牛流馬運糧又叫兵屯田為持久之計不料病了死在五丈原初亮躬耕南陽先主三顧於草廬中亮感激出來相助到得死了魏司馬懿待他兵退後按行他的營盤歎曰天下奇才也魏自文帝曹丕死後傳子明帝將崩託其子曹芳於司馬懿曹爽兩人不久懿殺

奕獨管事他有兩箇兒子一叫司馬師一叫司馬昭懿死師代其職廢魏主曹芳别立一箇曹髦爲主師死昭又代其職髦見威權日去發憤帶宫中一班伺候的人去攻昭爲昭的私黨所殺昭又别立一箇曹奐爲主這時節昭遣兵滅蜀虜了劉禪昭死子司馬炎遂篡位改國號叫做晉又遣兵滅吴虜了孫權的後人孫皓而天下悉歸於晉

第十一章　西晉

司馬炎既篡位叫做晉武帝他爲人本來仁孝節儉既滅吴選美

女五千人入宮。日夜歡樂。不把國事放在心上。太子昏愚。娶箇妃子姓賈。又强悍。武帝崩。太子立。叫做晉惠帝。嘗在華林園聽蝦蟆。問左右的人。説這叫的是官的。還是私的。左右哄他説。在官地便是官的。在私地便是私的。又聞年荒無米。百姓餓死。告人曰、何不叫他吃肉糜。肉糜者、肉圓子也。因此賈后管事。誣惠帝母舅楊駿造反。殺之。并殺太后楊氏。未久、趙王倫又把賈后殺之。廢惠帝自立。齊王冏、成都王穎、河間王顒、討倫殺之。惠帝復位。自是諸王你攻我。我攻你。殺來殺去。把惠帝當箇傀儡。其後東海王越。竟進毒弑惠帝别立其弟懷帝這叫做八王之亂八王者除五人外尚有汝南王亮、楚王瑋、長沙王乂、三箇這時節諸胡種散處中國有五箇種匈奴、鮮卑、氐、羌、羯、也乘這大亂各據土地懷帝既立匈奴劉淵之子叫做劉聰的帶兵破了洛陽都城虜懷帝已而殺之武帝之孫有名叫業的聞之即位於長安便是愍帝後劉聰又破長安虜而殺之這時節只有司馬懿的曾孫琅邪王睿在江東遂嗣了晉的大統便是晉元帝自此中原不為晉有後人説以前叫西晉以後叫東晉

第十二章　東晉

晉元帝立於江東全靠王敦王導兄弟兩人扶助偏安之局既定王敦恃功驕蹇元帝不平更用戴淵、刁協、劉隗、防之敦自他所鎮地方舉兵向都城求殺諸人刁劉二人逃去敦殺戴淵周顗而還旋病死元帝亦崩子明帝立遣王導破敦兵殺其子自是强臣跋扈成帝時有蘇峻之亂以温嶠陶侃之力而平桓温常廢帝奕而立簡文帝及簡文帝崩孝武帝立桓温藉入朝為名率兵至都大有簒位的意思賴王坦之謝安兩人翊戴皇室以言折之而去至安帝時温子玄竟逼安帝讓位與他劉裕起兵討之殺桓玄然自此大權入於裕手裕弑安帝更立恭帝旋逼之讓位而晉亡裕既受禪遂弑帝凡篡位殺故君自裕始

第十三章　南北朝

南朝始於劉裕之篡晉裕叫宋武帝數傳爲蕭道成所篡改爲齊道成叫齊高帝數傳爲蕭衍所篡改爲梁衍叫梁武帝數傳爲陳霸先所篡霸先叫陳高帝數傳爲隋文帝所滅南朝凡四宋齊梁陳北朝起於拓跋珪珪叫魏道武帝數傳而分東西東魏孝靜帝高

歡所立。西魏文帝。宇文泰所立。後歡子洋簒東魏。改為齊。後人因南朝有齊。叫做北齊。泰子覺簒西魏。改為周。後北齊為周所併。周又為楊堅所簒。這是南北朝興廢的大略。此一百五十六年中。其君在南朝的。莫好於宋文帝梁武帝兩箇。宋文帝初時頗有善政。後與魏搆兵。致境內千里蕭條。梁武帝好文學。晚年事佛甚謹。捨身佛寺凡數次。然納魏叛臣侯景。既而又欲縛景與魏。景引兵圍之。武帝餓死臺城。雖侯景為羣臣所誅。而國勢日微。惟魏孝文帝。變胡風以從中國。其政實多可稱的。

第十四章　隋

揚堅既簒周又南滅陳天下一統這便是隋文帝其為人勤儉食止一肉六宮服澣濯之衣所以府庫充滿又甚愛民令民間設義倉防荒年又弛鹽稅不收只是用刑稍嚴些先是文帝立太子勇既而廢勇立次子廣廣實不賢後又仍欲立勇廣遂弒文帝即位叫做隋煬帝煬帝好色喜游不喜人諫諫者必殺之說我天性要人順我意如多言我決不教他存在地上晚年兩伐高麗四方煙塵大起而煬帝久住揚州不歸太原留守唐公李淵使其次子世

民起兵入長安奉其孫為帝以煬帝為太上皇既而受隋禪改國號為唐這時節煬帝早被宇文化及殺於揚州了隋遂亡

第十五章　唐初

李淵既受隋禪這便是唐高祖封隋帝為公爵後來以壽終高祖有四子長的呌建成次呌世民次呌元吉最小的呌元霸元霸早死當初取天下主意本出於世民東征西討都靠世民一箇高祖要立他為太子世民知道父心愛大的遂固辭於是建成為太子世民封秦王元吉封齊王建成元吉謀害世民把酒毒他幸吐出

不死世民諸黨遂勸世民誅兩人世民說骨肉相殘古今大惡只好待他發作了再說後來事一天急似一天世民告知高祖高祖傳他兩人審問比及兩人進宮秦府諸將遂把他都殺了這叫做臨湖殿之變高祖問大臣皆曰秦王功大他二人因妒忌鬧出此事來今秦王既討而誅之陛下惟有立秦王做太子人心自服高祖從之已而傳位把世民自己做太上皇世民便是太宗太宗用房玄齡、杜如晦、為宰相玄齡善謀如晦善斷兩人同心辦事又有魏徵、王珪、等皆喜直諫太宗常聽從其言初即位便放宮女三千人出宮後又縱死囚四百人回家度歲約明年來就死至期全到不少一箇遂赦之又聞民間年饑出金帛贖其子女以突厥常來犯遣兵討之擒頡利可汗復平沿邊諸小國初太宗問後來事於太史李淳風淳風曰唐家子孫只怕一箇姓武的來殺太宗曰我遇著姓武的便殺之何如淳風曰此是天意只有聽其自然或其人年老心慈尚不致殺得干干淨淨若將此人殺了再生一箇更不得了太宗乃止到晚年不覺納一箇武氏女為才人既崩武氏出為尼高宗即位後往各廟行香見之復召入宮為昭儀旋廢王

后立他為后這便是武則天他心思很毒將王后殺了所生四子又殺了兩個高宗崩他兒子中宗立旋廢之立睿宗又廢之自己做則天皇帝叫睿宗做皇嗣把國號改叫做周大殺唐宗室他一班娘家姪兒箇箇想奪這大位幸虧宰相狄仁傑勸他不可舍子立姪武后以為然又薦張柬之可大用仁傑卒柬之代為宰相與諸武將密謀帶兵入宮求武后還位與中宗武后許之不久武后死了中宗皇后韋氏又專權把中宗毒死睿宗的子臨淄王隆基帶兵入宮討韋氏殺之奉睿宗即位睿宗傳位隆基便是玄宗玄宗

用姚崇、宋璟、韓休、張九齡、為宰相。姚崇有才。那三人皆正直。故開元年號時。天下太平。及天寶以後。玄宗寵楊貴妃。只圖歡樂。不把國事為念。交與宰相李林甫。林甫死。又交與貴妃兄楊國忠。林甫姦險。國忠糊塗。把國事弄得七顛八倒。安祿山者、本胡人。嘗犯罪。玄宗赦之。張九齡言他面有反相。玄宗不聽。因他會巴結。召入宮。做楊貴妃乾兒子。一日祿山先拜貴妃。玄宗怪問之。對曰、胡人先母而後父。玄宗又指其腹曰。汝腹大如此。中何所有。對曰、惟有赤心耳。其狡獪如此。玄宗甚歡喜他。命為北方三鎮節度使。他見兵馬強威。有異心。但因玄宗待他好。不忍就反。欲待太子登位再說。不料楊國忠常把事惱他。他就等不得了。帶兵打到京師。玄宗奔蜀。行至馬嵬坡。兵士鬧起來。把楊國忠殺卻。又逼玄宗賜貴妃死。纔肯隨駕。太子為父老所留。未幾即位靈武。這便是肅宗。肅宗用郭子儀、李光弼、為大將。又借回紇兵。收復長安洛陽兩箇京城。迎玄宗歸。做太上皇。居興慶宮。有時在樓上看。外面父老。知是老皇帝。箇箇在地下叩頭。又賜過將軍們一回宴。宦官李輔國便告知肅宗。說太上皇交結外人。恐有別的意思。肅宗不做聲。輔國竟把兵劫上皇。移到南内去了。又把身旁老太監高力士。及將軍陳元禮。都逐去。玄宗鬱鬱而崩。

第十六章　唐中葉

肅宗即位。内信張后。外信李輔國。朝政紊亂。雖平了安祿山。而其黨史思明又造反。直到他的兒子代宗之時。始平。代宗恨李輔國。不明正其罪。乃遣盜殺之。而其黨程元振依舊管事。吐蕃來犯。不告知代宗。直至快到都城。倉皇出走。賴郭子儀來救。吐蕃始去。當史思明之平。諸降將。代宗分處河北為節度使。自此河北諸鎮。父死子代或軍人不服則殺之別推一人叫做留後朝廷因而授以節度使之職一毫不能作主這叫做藩鎮之禍代宗崩子德宗立諸節度使李維岳、田悅、李納、梁崇義、朱滔、李希烈等先後作亂最後朱泚為亂於京師德宗出奔賴陸贄主謀於內李晟、馬燧、渾瑊三箇人效力於外纔掃平諸賊歷順宗至憲宗鋭意收回權柄凡藩鎮要求皆不允淮西節度使吳少陽卒其子元濟自代父職憲宗遣宰相裴度率大將李愬等討之愬乘雪夜入蔡州城擒元濟送京師伏誅辦事可謂振作既而以服金丹發躁撻宦官為陳弘志所弑子穆宗立河北藩鎮又不聽命旣崩子敬宗立好擊毬射獵後又以撻宦官為劉克明所弑立其叔父文宗文宗用李訓鄭注欲除宦官假說金吾廳事樹上產甘露叫宦官仇士良率諸小宦官同往觀之伏兵於內想全數殺卻士良旣去見勢頭不妙跑回把文宗擄去發兵殺訓注並殺宰相王涯舒元輿這叫做甘露之變幸節度使有上疏問宰相何罪欲帶兵誅君側惡人者宦官稍害怕後任宰相稍能管事文宗崩弟武宗立用李德裕為宰相平澤潞一鎮之不遵號令者旣崩叔父宣宗立乘回紇之衰收復河

涅之地其時宦官亦尚不多事比以前安靖得好多

第十七章　唐末

宣宗崩子懿宗立自此以後唐之國勢遂衰微不振了這時節有裘甫龐勛之亂既平而懿宗崩子僖宗立寵宦官田令孜呼為阿父其時黃巢之亂又作陷都城僖宗奔蜀沙陀人李克用攻巢殺之復都城僖宗返以克用為節度使朱溫者本從黃巢為盜後降於唐為節度使欲誘殺李克用事不成而克用恨之上表朝廷言其事僖宗不分曲直但下詔和解而已克用自負其功見朝庭辦

事如此不免懷怨上表請誅田令孜令孜刼帝出都有立襄王煴者克用攻而逐之僖宗返遂崩弟昭宗立又信朱温言討李克用不能勝又復克用官自此外困於藩鎮內困於宦官宰相崔胤召朱温帶兵至大殺宦官只留老幼三十人温亦殺胤逼昭宗遷洛陽而弒之立其子昭宣帝旋逼其禪位復弒昭宣帝唐三百年社稷竟斷送於朱温之手

第十八章　五代

五代者梁唐晉漢周也後人因此等國名前皆有之故叫他為後

梁、後唐、後晋、後漢、後周。後梁起於朱温。叫做梁高祖。傳子友貞。為李克用之子存勖所滅。存勖為後唐莊宗。初頗英明。既滅梁。與優伶狎。自登場演劇。優名叫做李天下。未幾軍人作亂。推戴克用養子李嗣源。引兵入都。莊宗出奔。為伶人所殺。嗣源即位。叫做唐明宗。明宗頗愛民。嘗在宮中焚香。告天說。我本胡人。因亂為衆所推。耶裏配做皇帝。願天早生聖人。為生民主。既崩。子從厚立。為養子李從珂所篡。明宗女壻石敬塘。又殺從珂。而後唐亡。石敬塘之篡後唐。因契丹兵力。既即位。叫做後晋高祖。奉契丹為父。故當時人都說是兒皇帝傳兄子重貴信大將景延廣言不敬契丹契丹主遣兵攻之虜重貴歸而後晉亡契丹立劉知遠叫做後漢高祖傳子承祐為其臣郭威所弒威立其從帝贇旋復弒之而自立叫做後周高祖無子以妻兄之子柴榮為子既死而榮立叫做周世宗世宗英明取南唐江北地又代契丹取關以南地勤政愛民為五代第一令主惜在位不久而崩子宗訓立會北漢與契丹兵來代遣殿前都檢點趙匡胤率兵禦之行至陳橋驛兵變以黃袍加匡胤身擁歸遍周主禪位後周亡當五代時小國自南唐外尚有許多

國亟不能一統及趙匡胤受禪以後次第削平然後天下定於一

第十九章　北宋

趙匡胤者宋太祖也為人仁孝恭儉不喜贓官有貪贓者必不宥自唐以來藩鎮擅財與兵太祖用趙普謀召諸將飲酒謂之曰我非諸君不及此但為天子亦大艱難眾問何故太祖曰此豈難知此位誰不欲為眾叩首曰天命已定陛下何出此言太祖因勸其不必領兵各多買良田美宅與子孫免得君臣猜疑眾皆從命後人謂之杯酒釋兵權又以文臣做節度使別設官掌錢財於是兵

權財權統於朝廷藩鎮之禍遂除初太祖母杜氏因柴世宗死後
幼兒為主致失了江山命太祖百歲後傳弟光義光義傳光美光
美傳太祖子德昭庶幾國有長君故太祖崩把大位與光義叫做
太宗太宗即位待弟姪甚薄太祖子德昭因受氣自刎光美亦鬱
鬱而卒竟傳位與他自己兒子真宗真宗傳仁宗時北有契丹西
有夏仁宗征西夏而臣之與契丹和用賢臣韓琦范仲淹富弼歐
陽修文彥博杜衍等為政四方無事算宋朝第一箇賢君可惜無
子傳濮王子英宗英宗傳神宗這時節太平已久神宗見諸事廢

弛用王安石圖富强安石請行均輸、市易、保甲、免役、保馬、方田、青苗、諸事叫做新法均輸市易皆公家做買賣而制小不同保甲者令民十家為保五十家為大保十大保為都保户選保丁以防盜免役者令民出錢免其所當之役保馬者令民養官馬死者賠償方田者分地為五等以定稅法青苗者苗青之時把錢借與民而收其息其意未嘗不欲振作但安石剛愎自用君子有言不便者皆不信於是所用皆小人弄得人人愁痛神宗崩子哲宗立年幼太皇太后高氏臨朝管事用司馬光吕公著一班君子盡罷新法民大悅。高太后崩。章惇、蔡京等借繼述二字。蠱惑哲宗。說父之法子何可改。於是復行新法。以司馬光以下二百餘人為姦黨。立黨人碑於朝門外。並令各郡縣立之。有石工安民者。不肯刻。說他人民不知。若司馬相公者。海內稱其正直。今以為姦人。民不忍刻也。官大怒。安民曰。被命不敢辭。但請勿刻安民二字。恐得罪萬世。其後哲宗崩。子徽宗立。好花石。使朱勔搜於民間。叫做花石綱。又取各種怪鳥怪獸。放在園囿中。日日與道士齋醮。自號道君皇帝。這時節金人約夾攻遼。遼即契丹所改的國號也。徽宗遣兵往。反為遼所敗金既滅遼遂攻宋徽宗見事急傳位太子叫做欽宗金兵抵都城幸有李綱禦之得不破而金兵退既而復來值李綱已去都城竟破虜徽欽二帝及后妃宗室北行後人叫做靖康之禍這時節只有徽宗少子康王在外於是宋人奉之即位叫做高宗先駐金陵後定都杭州自欽宗以前天下一統自高宗以後僅存半壁江山是偏安局面了故欽宗以前叫北宋高宗以後叫南宋

第二十章　南宋

宋高宗即位初用李綱為宰相薦張所傅亮料理兩河又薦宗澤

守東京。既而綱罷職。黃潛善、汪伯彥、二人管事。凡澤有所請。皆沮抑之。澤鬱鬱而死。這時節。金人屢來犯中原。關陝先後失守。若非有韓世忠、岳飛、等力戰。江南且不能保。先是秦檜被虜至金。久之。攜妻王氏逃回。力主和議。因岳飛大敗金兵於朱仙鎮。連發金牌十二道。召之。飛痛哭班師。檜旋誣飛謀反。殺於獄。這時節和議雖成。僅得韋太后生還。而徽宗死已久。但以柩返。欽宗仍不得歸。終死於金。後來金人仍來犯。虞允文大破其兵。乃退。高宗無子。近支又被虜。乃以太祖後為太子。而傳以位。叫做孝宗。孝宗事高宗能盡子道高宗崩服喪三年甚哀痛初高宗稱臣於金至是改臣為姪境內安寧旋傳位於子光宗而光宗信李后言不朝孝宗孝宗崩又以疾不能主喪大臣立其子寧宗光宗旋崩寧宗以國事付韓侂胄侂胄伐金及金兵至不能禦復求和金人索侂胄首史彌遠奏請殺之函首與金人金兵乃退彌遠遂攬權寧宗崩又無子乃立理宗亦太祖後也這時節金勢日衰蒙古崛起滅金改國號曰元而兵及於宋及理宗子度宗立賈似道管事遣人以稱臣納幣二事求和元兵退而似道偽奏戰勝明年元使來似道恐事洩

囚之及度宗子恭宗立元發兵來討似道禦之大敗元兵直趨都城虜恭帝及太后北去宋人立端宗端宗崩又立帝昺宋之土地只剩一座崖山元兵來陸秀夫負帝昺投海死凡三百二十年社稷遂結局於洪濤巨浪之中了

第二十一章　元

元起於漠北至太祖而強太祖姓奇渥溫氏名鐵木真兵威及於歐洲諸國滅西夏子太宗滅金傳定宗、憲宗、以至世祖忽必烈滅宋用中國人廉希憲、姚樞、竇默、許衡、掌文化雖寵喇嘛而儒教不廢創海運開會通河民便之傳成宗、武宗、仁宗、英宗、泰定帝、明宗、文宗、順帝此數世中以仁宗為最賢頗愛民順帝最無道終日與西僧在宮中逸樂不理國事煙塵四起有劉福通、徐壽輝、陳友諒、張士誠、諸股而朱元璋起於鳳陽破滅諸股定都金陵國號為明命大將徐達、常遇春、北伐下了河南、山東至通州順帝跑回他的老家凡在中國為帝只九十年然子孫回蒙古依舊為帝數代後勢衰降號為汗至清太宗時乃亡

第二十二章　明前半

朱元章叫做明太祖少時貧困嘗為僧於鳳陽皇覺寺後來隨郭子興起兵子興死代領其衆遂有中國雖是武夫而有大略其用兵以不殺人為本故所到能得民心又知敬禮文儒如宋濂劉基輩皆與之謀國事所立法度甚可觀劉基字伯溫通術數太祖嘗問他金陵建都何如對曰只怕燕子飛來又問子孫做皇帝有多少年對曰陛下萬子萬孫既崩以太子早死把天下與太孫叫做建文帝建文帝防諸叔作亂削奪他兵權燕王棣起兵於北一路打到金陵帝自焚死或說逃去做和尚了不知究竟如何燕王做皇帝

叫做太宗這就是劉伯温所說的燕子傳子仁宗、孫宣宗、天下太平無事宣宗崩子英宗立寵太監王振瓦剌王也先因求婚不得入寇振勸英宗親征在土木地方被也先兵虜去了太后立其弟郕王叫做景帝這時節虧了兵部尚書于謙練兵守京城及各處也先不得進攻乃送還英宗求和英宗遂做太上皇居於南宮過了數年景帝有病武清侯石亨同副都御史徐有貞等夜中率兵到南宮把英宗抬出來跑到大殿扶他登寶座告羣臣說太上皇復辟了羣臣大驚只得進內朝賀景帝在宮中聽見鐘鼓聲問知是太上皇連聲說好好英宗仍舊叫景帝做郕王不久景帝就氣死了這叫做奪門之事英宗殺于謙及憲宗立乃追還景帝帝號還了于謙官賜謚叫忠肅憲宗先寵太監汪直繼又寵梁芳朝政紊亂既崩子孝宗立頗勤政愛民十八年中天下太平算明朝第一箇賢君

第二十三章　明後半

孝宗崩子武宗立寵太監劉瑾鬧得天下不安後來因信別一箇太監張永的話殺了劉瑾又喜一箇武官江彬帶他往各處亂跑

既崩無子立堂弟世宗世宗用一個姦臣叫嚴嵩的做宰相殺了
忠臣楊繼盛沈鍊諸人後來因御史鄒應龍很很參了一本方壞
了他的官并抄家産殺其子世蕃因世蕃為惡最多的緣故嵩寄
食朋友家而死世宗旋崩子穆宗在位數年支持國家還算不錯
穆宗崩子神宗立年甫十齡宰相高拱張居正不和居正勾結太
監張保逐拱自是居正獨攬朝權其人頗有才用戚繼光治兵潘
季馴治河事事料理得都好然同朝恨之者多死後竟抄其家錢
財不及嚴嵩二十分之一自此以後宰相見張居正因握權得禍

箇箇袖手旁觀。事來總説請聖旨。兩神宗怠惰四十年。不坐朝。這時節清太祖崛起關外。常派兵來。打神宗遣兵抵禦。連被清朝打敗。國勢從此衰微。既崩。子光宗立。不過數月。又崩了。子熹宗立。寵信太監魏忠賢。忠賢遂將權柄弄到手。無惡不作。殺忠臣楊漣左光斗等十餘人。至熹宗崩。弟懷宗立。把忠賢殺了。這時節天下荒旱。流賊四起。盜魁李自成張獻忠到處虜掠。民不聊生。懷宗性又疑忌。不會用人。十七年中。宰相換了五十多人。外邊領兵的。一毫不能做主。一切要請朝廷命令。旋勦賊。旋又撫之。賊一天多似一天清兵又常來犯中間清太祖亦欲與明和而懷宗偏堅持不肯以致清兵直抵京師幸救兵到了退去其後李自成破京城懷宗先叫皇后自裁自己亦上煤山縊死書硃諭於身旁曰任賊分裂吾尸勿傷百姓一人太監王承恩陪死於旁這時節山海關有一箇總兵叫吳三桂聞之赴清請兵時清太宗已崩世祖年六歲攝政睿親王多爾袞帥兵入關大敗自成兵自成走由陝西往湖北至通城縣羅公山入元帝廟伏地叩頭鄉民以鋤碎其首死張獻忠從成都出至順慶府遇清兵於鳳凰坡為肅親王一箭射中心

窩翻下馬死了兩箇害貨從此結果方清朝定計入關時有一箇漢人姓范名叫文程替他出箇好主意幫懷宗發喪換棺木殯葬一凡明朝文武各官各照原職敘用一凡舉人秀才催他來考考取後照例授官一除明末所加各餉清朝一一照行遂得了中國明神宗年號萬曆光宗是其子熹宗懷宗是其孫照此看來劉伯溫萬子萬孫之言竟靈驗這也是很奇的事了

第二十五章　清

清太祖姓愛新覺羅氏名努爾哈赤先世居長白山與金同出古

肅慎氏在明初勢尚微及萬曆時太祖勃興滅諸部落伐明取瀋陽遼陽以瀋陽為都即今奉天也崩太宗立盡取關外地改滿洲國號叫做清及世祖立定鼎燕京這時節明懷宗雖崩而福王立於南京清滅之唐王又立於福州旋亦為清所滅桂王更稱帝於兩廣這叫做前三藩皆明後也直至順治末而桂王兵敗奔緬甸吳三桂逼取殺之天下乃全入於清世祖崩子聖祖立甫八歲大臣鼇拜專權殺同朝大臣數人聖祖稍長壞了他的官且圈禁之而大臣明珠索額圖二人又弄權這時節平西王吳三桂同靖南

王耿繼茂之孫叫精忠的平南王尚可喜之子叫之信的一陣造反東南大亂三起人本是明臣降清的這叫做後三藩直鬧至康熙二十年始全平定自此聖祖勵精圖治把明索二相罷了登用賢臣旋征準部收臺灣定西藏在位六十年南巡六次用錢都由內庫帶來所過地方皆免錢糧人人歡悅後來又普免天下錢糧一次且下詔以後永不加賦在清朝是第一箇好皇帝世宗時又平青海高宗時又平準部回部大小金川征緬甸安南廓爾喀南巡也是六次一切照聖祖恩澤施行普免天下錢糧五次可謂繩其祖武

了惟晚年寵任和珅這人本是鑾儀衛小官照應指御輦的不知何時說話合了高宗意漸漸重用起來做到宰相雖未嘗殘殺忠良然而弄權受賄皆是有的乾隆六十年高宗說我在位年數何敢過於聖祖遂傳與仁宗自己做太上皇又四年崩這時節川陝湖教匪鬧了幾年和珅虛報勝仗哄騙太上皇仁宗久知道因是太上皇喜歡的不肯發作恰好御史見太上皇過去了遂重重參他一本仁宗賜他自盡抄了家產果然有數百萬之多旋命大將額勒登保德楞泰等平了教匪宣宗時張格爾又作亂於新疆長

齡、楊遇春、楊芳、等平之。及道光十九年。禁鴉片煙。英吉利商人已經燒了煙。許不再運。後因具結。結上有人即正法四字。英國無斷頭之刑。不肯具結。乃派兵船攻沿海一帶。鬧了幾年。割香港與之。並許廣州、廈門、福州、寧波、上海、五口通商。乃和。其後洪秀全楊秀清造反。叫做髮匪。又叫長毛賊。文宗一朝。官兵日日與長毛打仗。直至穆宗立。孝貞孝欽兩太后管事。重用曾國藩、胡林翼、左宗棠、李鴻章、始削平了。而捻匪又在北方騷擾。亦是左李二人合力剿除。回匪繼之。擾於陝西、雲南。在雲南的、岑毓英平了。在陝西的、左宗棠平了新疆復亂亦次第戡定這已到德宗朝代了未幾諸臣大半病故只剩了李鴻章一箇英、俄、法、德、日本、諸國又日漸强大外交上屢次失敗光緒二十年以爭朝鮮事日本開仗我軍水陸皆敗不得已賠款乞和清之國勢從此衰微二十四年德宗聽主事康有為之言變政原是想自强的意思而行之太驟文武諸臣多不悅進讒言於孝欽老太后於是此案翻將過來殺了幾箇說要變的有為逃去二十六年拳匪又起到處燒外國教堂入京攻使館殺了德國使臣各國聯兵來攻老太后同德宗奔陝西命李鴻章

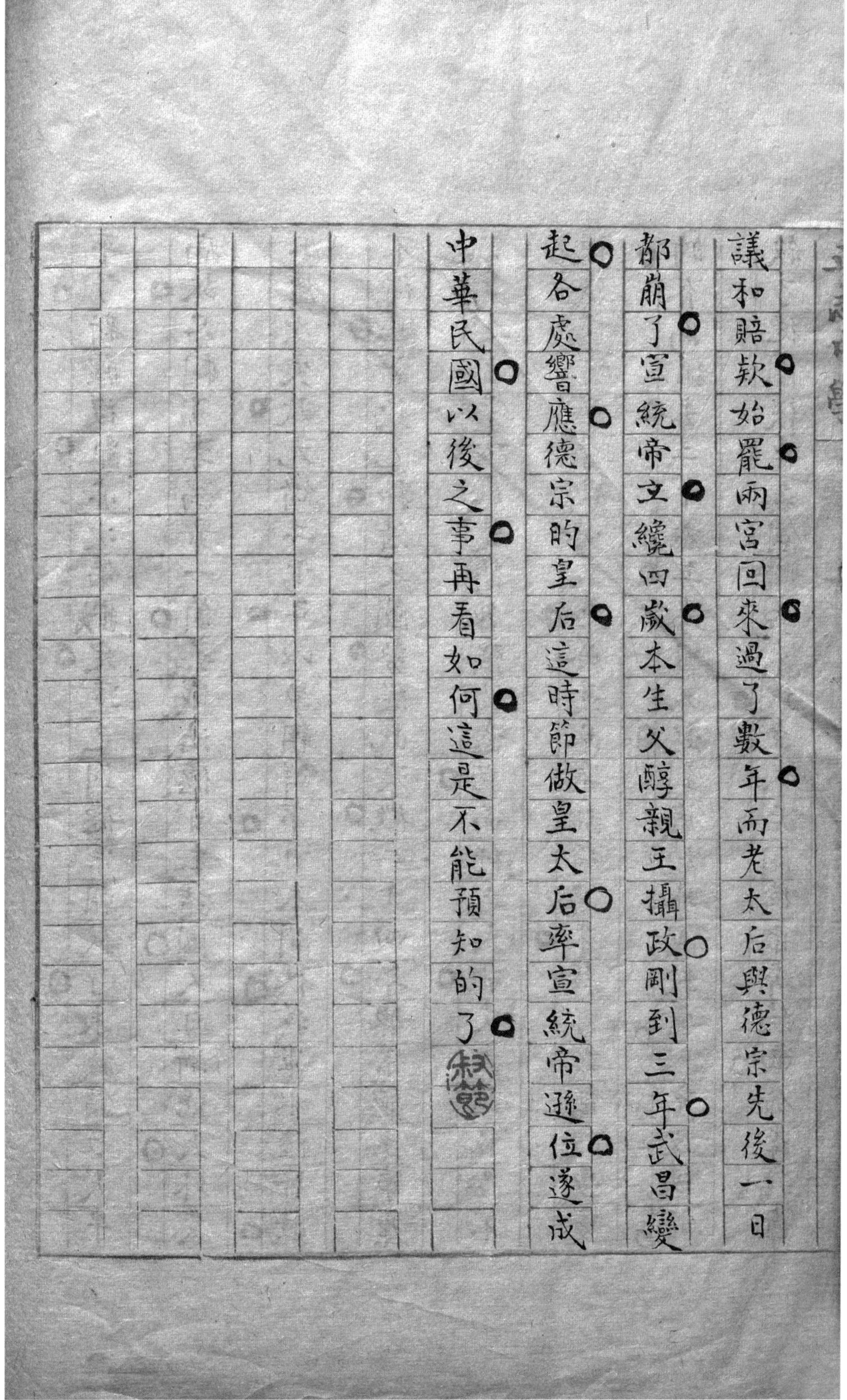

議和賠款。始罷兩宮回來。過了數年。而老太后與德宗先後一日都崩了。宣統帝立。纔四歲。本生父醇親王攝政。剛到三年。武昌變起。各處響應。德宗的皇后。這時節做皇太后。率宣統帝遜位。遂成中華民國。以後之事。再看如何。這是不能預知的了。